Hans-Eckardt
Wenzel

Lied vom wilden Mohn

Gedichte

Mitteldeutscher Verlag
Halle · Leipzig

mit einem Essay und 9 Notenbeispielen des Autors

besonders für:

K.W., S.M., H.M., R.B., R.W., U.W., D.S., P.H., U.S., W.H., T.B., R.F., E.W., C.T., J.G., H.S., K.H., H.H., I.D., M.D., R.D., H.H., R.D., J.K., G.K., D.B., R.K., M.W., N.K., N.W., G.M., C.W., M.F., A.K., W.B., E.M., A.T., H.E., E.S., E.S., E.R., B.S., S.S., K.S., D.S., J.S., J.W., J.G., J.B., T.K., A.W., J.M., B.H., E.R., U.M., G.P., E.M., L.S., F.W., O.T., H.B., M.B., P.A., J.W., J.A., K.W., A.E., J.E., D.P., M.J., G.B., K.H., N.S., A.H., S.F., S., M.B., W.L., K.W., P.R., C.K., F.K., I.B., C.M., A.T., F.H., W.G., G.H., I.K., N.S., G.F., H.L., W.H., W.B., S.K., U.A., W.K., M.D., V.K., H.N., H.B., K.W., A.R., M.K., S.D., G.H., H.W., R.B., M.K., F.W., E.B., U.B., D.P., H.-J.S., K.B.

Unpoetische Vorbemerkung

Lieber mit offener Brust auf der Bühne stehen, als hier zwischen den Zeilen versteckt, verbogen von verbesserungswütigen oder Heiliges hütenden Händen. Jeder weiß es später immer besser. Wäre doch gleich später. Einzig mein Schweigen ist ohne Makel. (Ja!) Dennoch melde ich mich zu Buche. Einzeln. (Also gut zu schlagen.) Mit allen Deformationen: Beulen, Wehwehchen, Provinzfreuden … die mir angetan wurden von der Vergangenheit-Gegenwart-Zukunft, dem Wetter, schlechtem Fleisch, Zeitungen und Alkohol. Aber auch ich wäre gerne weise! Wüßte auf alles ohne Erregung Antwort. Also lest! (Ohne Gewehr!) Mehr ist es nicht. (Ohne Netz!) Als kleiner Junge durfte ich zu besonderen Anlässen den Verwandten etwas vorsingen; stets lobte man die Eltern und tadelte mich. (Die Eltern wechseln, Schule, Verlag …) »So, Junge, versuchs noch mal! Psst! Er singt.« Also: »Fremd bin ich. Eingezogen fremd, zieh ich wieder.«

Schmuggerower Elegie I

für Mensching

Ungreifbar, ich in den Regenverliesen des bärtigen Waldes,
Dach an Dach, mein Haar
Riecht nach Molke, nach langen Spaziergängen
Ausgezittert die Hände. Auf der Kastanienbank

Paffen ins stille Land Rauch wir. Ostwärts lief die Kleinbahn
Über mit ihren Schienen. Auf dem Bahndamm
Tote Rehe fliehn listig die Lichtung. Im Korn versteckt
Rotnasige Bauern. Wie eine andere Welt

Riechen wir nach der Stadt, vergraben den Schatz der Latrine,
Altes Essen, Briefe, zerstören die Spuren, halten Ausschau
Nach mehr Autos als Fliegen, nach dem Licht der Alleen,
Dem Singvogel Straßenbahn. Es reicht nicht. Alles.

Du, unser zu künftiges Reich, zu arm ist es. Pilger
Irren umher, scharren Sprüche, radieren.
Nur an der Fahne erkennen wir unser Zuhaus. Sowenig, sagst du,
Haben wir grade gewonnen, zum Verwechseln ähnlich.

Selbstbildnis 1981
für Theodor Kramer

Noch verschont von großen Kriegen.
Noch kann ich auf Wiesen liegen.
Kann noch nach den Mädchen fassen.
Noch kann ich mich gehenlassen.

Kann noch schwimmen in den Seen
Und in ihnen untergehen.
Noch kann ich das Laue hassen.
Mich vom Schnaps verbrennen lassen.

Kann noch nach den Sternen sehen.
Kann noch mit dir schlafen gehen.
Kann noch dunklen Kaffee kochen.
Bin noch nicht geknickt, zerbrochen.

Kann noch nach dem Meer mich sehnen
Und mich über Brücken lehnen.
Bin noch ungern untertänig.
BUSCHIG IST MEIN HAAR, IST STRÄHNIG.

Selbstbildnis 1981

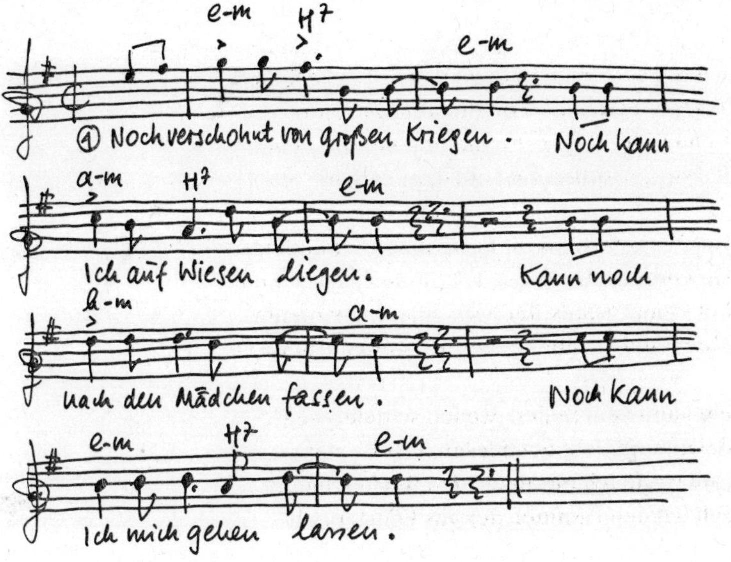

Ich bin vom grünen Licht so schwer ...

Ich bin vom grünen Licht so schwer zu heilen
Wie das Signal am S-Bahndamm bei mir.
In meinem Kopf gehn hin und her die Zeilen
Bis sie gestorben sind auf dem Papier.

Das Wasser tropft im Becken, die Sekunden.
Du kommst. Du gehst. Ich pinne an die Wand
Mit einem Stahlstift dieses Blatt mit wunden,
Mit wunden Händen hier im Niemandsland.

Ich kann vom Boden, wo ich schlafen liege,
Bei gutem Licht noch lesen, was da steht,
Und wenn ich mir dabei den Rücken biege,
Seh ich den Himmel, der ans Fenster geht.

Vom Sud des Tees sind innen braun die Tassen.
Es ist schon März und wieder fiel heut Schnee.
Das Kissen riecht noch nach dem semmelblassen
Gesicht der Liebsten und mein Kopf tut weh.

Dann ist mir so, daß ich auf keinen warte,
Nur etwas Kaltes möcht ich trinken gehn.
Grün werden mir die Augen, wenn das harte
Geäst vom Hof ans Fenster schlägt nach zehn.

Die Spinnen, die sich von der Decke seilen,
Traun sich ganz nah an meine Liegestatt.
Ich bin vom grünen Licht so schwer zu heilen.
Mein Magen ist nach einer Schnitte satt.

Ich bin vom Grünen Licht so schwer...

DAS IST KEIN GEDICHT!

LIEBER BEGUTACHTER! UND DU LIEBER LESER! HIER
Der Wortblock hat insofern mit Welt zu tun: Er
Montiert im Jahr blutigster Zwiste, lag neben
Meinem ND, draus ein zerschossnes Gesicht sah
Sein Entstehn ist eher dem Zufall verschuldet
Und dem Abonnement denn der Kenntnis Goethes
Und Menschings, insofern, versteht, dies hier
IST KEIN GEDICHT!
(–Meine Muse ist ein Schmuddelkind das
Sonntags schön gemacht mit weißem Hemd
Kniestrümpfen immerwieder in den Dreck
Fällt beim Spielen unterm Gebrülle der
Eltern wie gesagt & ich will an dieser
Stelle eben kein Gedicht gibts ja das)
IST KEIN GEDICHT!
Ist kein Gedicht!
ist kein gedicht!
Z.B.: Einmal saß in der Straßenbahn, Linie 13
Eine Frau!: Ihr Haar! Ihr indianischer Körper
Riß an meinen Augen, zerdrückte mein Herz mir
Die Sprache verlernt, ich, ein Stock, bis sie
Hinschlug, am Trittbrett, mit ihrer Schönheit
Und lächelnd aufstand: Ach peinlicher Schmerz
Ihrer misslichen Lage! die sie nicht spielend
Spielen konnte, wie Schönheit sein muß: & das
IST KEIN GEDICHT!
Ich sah sie, zufällig, werde sie aber niemehr
Verehren können oder lieben, ein Anderer, der
Das nicht sah, mag sie, das ist schön so: aber
IST KEIN GEDICHT!

Die Gretchentragödie

Als vom Institut am Abend
Heinrich Faust kam, Gretchen küssend,
Trug er gleich den Eimer Müll hin
Zum Container und sie winkte.
DA WAR UNS DEN BETRACHTERN KLAR:
GRETCHEN HAT LOCKENWICKLER IM HAAR!

Als es Faust beim Abendessen
Donnerte im Bauch von Zwiebeln
Und er einen fahrn ließ, weinte
Gretchen, wollte sich vergiften.
DA WAR UNS DEN BETRACHTERN KLAR:
DER LIEBE DROHT KEINE GEFAHR!

Als das legendäre Streben
Heinrichs wurde hoch gewürdigt,
Ist Mephistchen abgehauen,
Alles geht einmal zu Ende.
DA WAR UNS DEN BETRACHTERN KLAR:
DIE LIEBE DAUERT ÜBERS JAHR!

Als am Morgen Doktor Faust fuhr
In das Institut und Gretchen
Ihn zur Türe bracht mit Küssen
Und dann ihre Mutter anrief,
DA WAR UNS DEN BETRACHTERN KLAR!
DASS DIE TRAGÖDIE ÜBERSTANDEN WAR!

Als das Leben so im Glücke
Hinlief, Gretchen wurde dicker,
Schliefen ein an meiner Seite
Die Besucher des Theaters.
DA WAR UNS DEN BETRACHTERN KLAR:
DASS ES UNS DEN BETRACHTERN KLAR WAR!

In diesem Jahr

In diesem Jahr hab ich in einer lauen Nacht
Mich vor der Liebsten aus dem Staub gemacht.
Durchs offne Fenster wehte mir der Fliederschnee
Auf meine Haut, ich mußte raus, auf die Allee,
Als herrenloser Hund, der schwarz die Steige strich,
Sah ich in alle Pfützen und erkannte mich.
Und weinst du auch, daß ich vergeßlich sei,
Was ich gelernt von dir behalt ich bei.

In diesem Jahr, ich roch den Mai, die Felder lagen brach,
Ich zählte fünfundzwanzigmal mein Leben nach,
Was mich gefangen hielt in jedem Jahr,
Die Stiche in die Brust im letzten Januar,
Den Rauchgeschmack nach mancher unbehausten Nacht,
Verfroren schlugen mir die Zähne, so bin ich erwacht,
Die Lippen sprangen, ins Gedächtnis schlug mir Blei.
Was ich zerschlagen hab behalt ich bei.

In diesem Jahr, die Bilder brannten sich in das Gehirn,
Zu langen Filmen, lichtdicht, unter meiner Stirn,
Die ihr gestreichelt habt, ihr altgewordnen Fraun,
Wenn uns der Sommer ausgedörrt und dunkelbraun
Entzweite in dem trunknen Tanz, dem Herbst, zuletzt,
Bis wir verschlangen, was uns aufeinander hetzt.
Ich kann nicht tun, als ob es nie gewesen sei.
Die kurze Zeit in euch behalt ich bei.

In diesem Jahr hab ich in einer lauen Nacht
Mich vor mir selber aus dem Staub gemacht.
Unter den Nägeln hat der Schmutz gebrannt,
Zehn schwarze Monde überm Land, das unbekannt,
Ein Fliegenklecks, sich übern Plasteglobus streckt,
Das mich gefangen hält, geborgen und verschreckt.
Ich leb! Bedroht, als ging die Welt entzwei.
Ich leb! Und das behalt ich bei.

DEINE HAARE, SCHWARZ, ein Gitter
Legst du über mein Gesicht.
Und sie wachsen, da ich zitter,
In den Mund mir, bis mir bitter
Mit dem Atem meine Stimme bricht.

Deine Hand in meinen Haaren,
Die mich zauset mit Geschick,
Ist den Hals mir langgefahren,
Legt ihn frei von meinen Haaren,
Wie der Henker mein Genick.

Die Einsamkeit meiner Katze

Ich gehe aufrecht und nenne sie Antigone
Wegen ihrer allgemeinen Sicherheit
Mit der instinktiven Kopfwendung über alles,
Was ich tue; sie verehrt mich,
Weil ich sie verhungern lassen kann. Warnend
Hinkt sie, stellt sich tot, oder sieht aus
Wie eine bionische Maschine, die Hackfleisch
Verdaut, vibriert und wartet,
Ein Überträger von bakteriologischen
Kampfstoffen, ein effektiver Untertan.

Ich bin ein vielbeschäftigter Mann,
Lasse sie also oft allein,
Sitze den Tag über in Cafés,
Umarme eine Geliebte, streite mich
Mit Freunden, fahr Autobus oder trag
Eine Zeitung umher, die nicht
In die Manteltasche paßt.

Meine Katze ist eine schwarze Sklavin,
Der ich die Welt raube, durch meine Abwesenheit.

Sie aber lauert, ein angespannter Bogen, in der Ecke,
Ein Pfeil, ziellos, die Wände stehn starr;
Sie kann keinen Gegner herausholen
Aus den Schatten. Der Geruch meiner Wäsche
Beweist ihre Einsamkeit. Ihr Seismograph
Summt wie die langen Reihen Klingeln
An Haustürn, gedrückt
Von tobenden Kindern.

Schließen die Restaurants und das Blaulicht
Der TV-Stationen liegt vor den Fensterfronten,

Besuche ich alte Freundinnen und lächle
Versteckt in ihren Armen über das nutzlose
Bündel Energie auf meinen Dielen,
Meine schwarze Sklavin und ihre
Zufällige Schönheit, die ungeachtet
Wegaltert, verfettet, im Labyrinth
Der Bücherrücken, wo sich ihr
Undressierbarer Wille verläuft.

Jedes Motorengeräusch, fern, in einer
Unbekannten Behausung erinnert mich
An ihr Schmeicheln, wenn sie
Ausgestreckt auf meinen Manuskripten schnurrt,
Daß ich sofort überzeugt bin,
Dieses Leben ist voller Zuneigung.

Davon erwacht, gehe ich, gewöhnlich,
Nach Hause, obdachlos, und mein Mund
Flüstert: nur wer die Sehnsucht kennt, weiß.

Mit einem Sprung, wie ein Fallbeil,
Begrüßt sie mich in der Tür; sie will mich
Zu ihrem Bruder machen, den sie verscharren kann.
Meine Katze ist eine schwarze Sklavin,
Ich beweise ihr jeden Tag meine Macht,
Wenn, wie die orientalischen Frauen
Vom Gesicht nehmen den Schleier, ich
Vom Gesicht nehme die Brüderlichkeit,
Um am Leben zu bleiben.

Ich bin der gefangene Herr
Meiner Katze, der schwarzen Sklavin.

Schmuggerower Elegie II

Der Sommer fällt uns an. Du fürchtest dich. Bleib stehen.
Sieh, wie ein Feind dreht uns der Wald den Rücken zu,
Ich spür den weichen Boden mit den Zehen,
Ein Baum schlägt hinter dir ins Gras, was sagtest du?

Die Erde, überfüllt mit Käfern, Schnecken,
Ein jedes Rascheln schürt die Angst in dir,
Die Rehe, die sich scheu vor uns verstecken,
Die gleichen meinen Freunden, sagst du mir.

Die Vögel stürzen Fliegern gleich, die Kronen
Der Bäume brennen hell, gedämpft schießt Kraut,
Hier, in dem Haus, in dem wir beide wohnen,
Schwitzt eine Spinne Gift auf unsre Haut.

Laß uns verbrüdern wie die Telegraphenstangen!
Von Mund zu Mund, die Zeitungen sind tot.
Der Krieg, der grade irgendwo jetzt angefangen,
Tobt zwischen grünen Fliegen über unserm Brot.

Die Gräser rosten leicht, die Milch macht Klumpen,
Die scharfe Zwiebel treibt dir Wasser ins Gesicht,
In allen Höfen tropft es aus den Pumpen:
Ein fremdes schwarzes Blut: Es stört uns nicht.

Wir sind gekommen, ausgespannt, die Nerven hängen,
Gewaschen, mit den Haaren klamm im Wind.
Die Städte, die uns fern mit ihrem Heimweh drängen,
Die hocken in uns, steinern, blind.

Die Flucht ist uns mißglückt: Wir hasten, schreien,
Wir kratzen, sieh er heilt schon, unsern Grind;
Die Sonne geht so unter hier im Freien,
Daß deine Augen davon blutig sind.

Die hohen Nesseln haben dich verschlungen;
Sie brennen, sagst du, und ich riech es schon;
Du bist, ein Schmetterling, aus meiner Hand gesprungen,
Und fliegst zu einem fernen Stern davon.

Der macht die Nächte hier so schwarz, ein Sterben
Befällt den Wald, er weicht uns Stück um Stück;
All seine Tode bleiben in den tiefen Kerben
Auf unsern Stirnen und in unserm Blick zurück.

DIE WOHNUNG DES MENSCHEN HEISST ERDE

Waghalsig groß, heiß und kalt
Flußläufe ziehen ihr Scheitel
Durch den haarigen Wald

Steppenhaut bräunt sich, die Wiesen
Liegen am Rücken auf Sand
In dem Gefieder der Vögel
Riecht man das herzhafte Land

Wenn sich zum Sterben die Bäume
Legen in Sonne und Wind
Hoffen wir daß sie nicht letztlich
An uns gestorben sind

Die Wohnung des Menschen heißt Erde
Bleibt uns doch die eine bloß
Trotz der lichtweiten Flüge
Kommen wir von ihr nicht los

DIE WOHNUNG DES MENSCHEN HEISST ERDE

Vier Kleinigkeiten über eine Aus Fahrt ins Aus Land des Sommers 1980

1
(als du mit deinem taschen tuch gewunken ...)
ich spüre nicht die wölbung der erde: kugel sicher ist das land (aus dem ich fliehe), märchen fallen mir ein: eine ahnung der welt; der rest *heimat* wird verschüttet unter meine zornigen kollegen, die taub stummen. ich einige mich mit den matrosen (ihre *philosophie* erscheint mir gütig). ich sehe, wie du aus deinem *taschen tuch* den lauf ziehst, visier formst & jenen hebel, auf den du drückst, wenn ich umfalle.

2
(odessaer prosa blues)
abends gehe ich aus dem matrosen saal. dort fallen aus dem hals des zauberers (umgürtet von einer blauen fliege) bulgakows *spitzen.* unter den fremd ländischen bäumen, der potemkintreppe, mit dem nieangekommenen, dem fallenden, dem kinder wagen, finde ich eine geheimnis volle flasche. ich rieche darinnen (einen unbekannten geruch) die zukunft. deine weiße bluse bleibt kleben (klappert wien briefschlitz). mein auge des gesetzes macht einen auf stand mit mir bis *dieser platz* leer ist. tauben beginnen eine melodie: schiffe liegen faul da, pumpen sich den bauch voll: mit leuten, valutas, kisten, koffern. in den sand ritze ich die geheimen zeichen: *(am hafen, wo die schiffe fahren / nach der von geheimnis vollen welt / wo der himmel mir mit meinen haaren / immer wieder in die augen fällt / /)* doch im museum geht mir ein lied (von stevie wonder) nicht aus dem kopf. sehnsüchtig brumme ich es. zeit und ort hätt ich doch für *große dinge.* ich könnte über etwas *schönes* nach denken, über etwas *erbaulich heldenhaftes* an einem denk mal zum beispiel. mit natalja lache ich (13 km) eine sprache: wir: die wir beide nicht beherrschen. nur ab & zu möchte ich (ihr ans fleisch fassen), daß sie sich auskennen könnte (in den geschäften der seeleute). gläsern sind die nächte, wie besonderer honig, den man nirgends bekommt (nicht mal für dollar). ich schieb die mütze über meine haare am

bahnhof. lenin, die hand am hut, der ewige (heilige) inmitten meiner brummerei (von stevie wonder). die alte frau von gegenüber bietet etwas an: einen großen *fisch*, eine *melone*, ein *souvenir*, aus dem fenster kreuz fällt ein zerquetschter schnee ball, mitten im august, mitten am schwarzen meer fällt der aus dem fenster vor nataljas füße (über die ganz schmalen riemen der schuhe), an die (sommerlichen) füße, an ihre (wunder schönen) füße, mitten im *sommer*. hier gerade fängt sie an, wegen ihrer mutter, hier, zu weinen, wegen dieser kälte (auf den füßen), wegen diesem gefühl, das (die beine) hoch klettert, wegen diesem (scheiß) museum, (wegen meiner höhlen) in den augen, (wegen meiner) verflucht (neu gierigen augen), den vielen fremden. natalja, sag ich, *herzchen!* aber das kann ich gar nicht sagen. denn da kommt schon der alte mit dem soldatenmantel, mit dem holzbein, das er neben die bank stellt und mich bestiehlt um mein lieb loses rechtes (bein). natalja, die immer noch lacht über bulgakows witze & immer noch weint wegen dem schnee ball, hat auf einmal in ihren händen eine so *wunder schöne fahne*, die ich nicht kenne (die so eigenartig riecht), daß ich mich gleich erinnere an diese flasche, an diese form, beinah wie ein holz bein oder eher wie ein kinder wagen, ein fremd ländischer baum, wie ein gefühl oder museum, wie ein krieg, wie ein auf stand oder wie diese melodie von der LP, die mir nicht aus dem kopf geht und nataljas zerreiß bare haut, auf die ich mich ganz vorsichtig drauf lege, so daß man gar nicht merkt, daß wir schon *1000 km* aus einander sind.

3

(lenins bruder in peters burg)

wie schön du bist, sulamith. (sang wieder stevie wonder, oder war es salomo?, in meiner tasche) gerade aus diesem torbogen kam dostojewski. der nebel war unhaltbar. lenin sagte damals (zu seiner mutter): wir werden einen *anderen weg* gehen. in der abteilung französische malerei habe ich mich um gesehen (–!). die zelle, wo gorki die kinder der sonne schrieb. (sie können hineingehen!) ehren steuer mann auf diesem schiff wurde ernst thälmann. es bedeutet morgenröte. wenn sie auf diesen knopf drücken, meine dame, erhellt sich am kanonenrohr (60mal kleiner) die lampe, welche den startschuß symbolisiert. lösen sie die *revolution* aus! um die folgen kümmern sich andre. (wie schön) du bist *sulamith*. von hier bereitete lenin die revolution vor. heute natürlich *museum*. (wohin seid ihr gegangen, ihr schönen, lieblichen, mit den dünnen häuten?) mir steht der sinn, die admiralität, der bus, der hals voll warten. nachdem die lampe geleuchtet, laufen die revolutionäre (los). in dieser zelle sehen sie keinen himmel, im winter (war es kalt). drei generationen von russischen revolutionären saßen in dieser festung ein. (die rechte hand symbolisiert die *einheit*.) bitte folgen sie mir ins gefängnis. natalja! wie ich dich suche! kannst du nicht (mich wegholen)? ich bin *lenins bruder* & meine füße sind schon ganz tot. ich hab meine heimat in der metro liegen lassen, sulamith! verirrt in die epochen halte ich mich fest an deinen wölbungen. im hotel könnte ich (für 15 kopeken) schlachtschiffe *versenken* in farbe, einen krieg mit einem glas schampanskoje in der hand. ach, natalja, jetzt stellen wir uns neben das tanzbild (von matisse), neben die frau des trinkers (von picasso) und beweinen unsere häßlichkeit, d.h. unseren haß, all diese geheimnisse! (wie soll *der* heißen? *mrotzki*? nie gehört.) die metro kann sehr schnell bremsen. daraufhin erstürmen die revolutionäre das winterpalais. lenins *bruder* war in das attentat verstrickt (gegen den zaren). meine liebste sieht aus wie von matisse. lenin war bei der hin richtung (seines bruders) dabei. er sagte: *wir werden einen anderen weg gehen* (zu seiner mutter).

4
(wall fahrt zur haupt stadt)
aus dem labyrinth gekommen bin ich nun mitten in die reliquien! ein zäher fluß, der schwarze teppich über den stufen, deine hin

geworfenen *haare*, meine füße, die wie immer zu spät an kamen. (hier beginnt eine neue epoche) im goldenen schrein, im kasten haus, liegt ER, den wir beweinen, der still geworden ist. ich höre (mit den füßen): die spinne webt ihr netz, das un durch dringliche, das be ängst igende (kräftige) netz der metros. hinterm rücken des toten hockt (nur noch bis zur brust) wie ehedem der eiserne kaiser (napoleon, lagerverwalter, hitlerbesieger, industrialisator, granit-häutig), dem ein vögelein aus dem walde auf den kopf scheißt vor den pfiffen der miliz, & immer nachts (wenn in andern städten die brücken sich auf bäumen) legst du, meine liebe, dein *haar*, schwarz, über die pusteln der plätze, die hand griffe der liebenden. du schleichst mir nach, die vokabeln hauchst du ins ohr (die un ver ständ lich sten), der reliquien, der religionen, der zukunft. auf die *schultern* falln mir die haare, verweben sich mit deinem (schwarzen ewig langen haar) sulamith, das uns in diesem labyrinth immer-noch wärmt, immer & noch.

JETZT, IN DIESEM AUGENBLICK, das Flugzeug
Staatenlos, nur dem atmosphärischen
Land gehörig, ist einerlei
Woher ich komme wohin

Nur diesen Augenblick,
Diese bodenlose Stunde
Liebe ich. Freunde,
Zu denen ich soll, Freunde

Von denen ich fliehe, gelöst die Versprechen,
Umarmungen. Gegen die Schwerkraft
Kämpfen Maschine und mein Körper.
Ich bin ein Bewohner der Erde

Erst jetzt. Du wirst in den Himmel sehn
Und verzichten können, ohne Trauer,
Auf mich. Und Andere
Werden warten.

Lied vom wilden Mohn (1977)

Der wilde Mohn wächst nicht im Garten,
Stirbt, wenn man sich ihn fangen will.
Sein Duft nach Sturm, nach hagelharten
Eistränen und nach langen Schatten
Macht sehnsüchtig, hält nicht still.

Das ist das Lied vom wilden Mohn.
Wer kennt das schon
Vom wilden Mohn?
Der wächst nicht irgendwie.
Der wächst doch nur in heißer Zeit
Und meilenweit
In heißer Zeit,
Und stirbt auch meist sehr früh.

Da, Lieb, die fetten Blütenblätter
Steck sie ins Haar, steck sie ins Haar!
Die Wolken bringen ander Wetter,
Der Sommer geht, die Lieb wird fetter,
Stirbt uns vorm Januar.

Das ist das Lied vom wilden Mohn.
Wer kennt das schon
Vom wilden Mohn?
Der wächst nicht irgendwie.
Der wächst doch nur in heißer Zeit
Und meilenweit
In heißer Zeit,
Und stirbt auch meist sehr früh.

Lied vom wilden Mohn

Genossen, diese heißen Jahre
Brennen in Spanien, Italien noch mehr!
Kämpfend zerraufen wir unsre Haare.
Ach diese Röte macht träumend! Die Jahre
Laufen dem wildesten Mohn hinterher.

Ist das das Lied vom wilden Mohn?
Kennst du das schon
Vom wilden Mohn?
Der wächst nicht irgendwie!
Der wächst doch nur in heißer Zeit
Und meilenweit
In heißer Zeit,
Und stirbt er denn wirklich so früh?

Max Hoelz

Auf mich scheißen, schießen, spucken
Kann jeder, ders besser weiß!
Ich bin Holz der Verzweiflung, Splitter
Hoffnung, brennbar, Brücke
Über dem reißenden Eis.

Dynamitharry der Revolution,
Der ausgefallenen, leisen.
Die Weisen geben die Suppe Gerechtigkeit
Aus, die durchsichtige.
Ich verteile das Eisen.

MIT SCHWEREN HÄMMERN verwandle man
Zu Gesichtern eure Fressen!
Es täte gut, bei einem Lied, trotz STREIT,
Sich BEI DEN HÄNDEN ANZUFASSEN …
Ich werde sowieso vergessen.

Amtliches Schuldenbekenntnis

Lenin hats wieder auf mich geschoben,
Genau wie Epikur, warum ich?
Alle, die mit ihren Weibern nicht klarkommen,
Geben mir die Schuld (nicht nur wegen denen),
Hängen an meinen Armen; Woyzeck
Hat mir die Hand gedrückt
Ans Messer. Alle sind froh,
Einen gefunden zu haben, der
Sich die Zwangsjacke anzieht,
Den es zerreißt.
Einige Hundert Jahre drehn ihren Kopf,
Wenn ich den Kopf zu dir drehe,
Und Millionen Tote liegen mit mir
Auf deinem Bauch.
Übriggeblieben bin ich von tausend
Verwandten, Bekannten.
Ich soll es ausbaden. Alle Toten
Sind ungeduldig. Nichts
Bewegt sich. Zufrieden sinds
Die Lebenden. Die Toten
Erklären den Krieg. Die Übermacht. Keine
Abrüstung läßt sich verhandeln.
Gerichtet ist die Schreibtischlampe die Sonne
Zum Verhör: Alle schiebens auf mich.

Goethe verbrennt seine Tagebücher über die Zeit der Kampagne gegen das revolutionäre Frankreich

Er donnert die Dielen lang. ES SCHLUG MEIN HERZ, auf die Epochen zu pochen. Romantische Haufen, Scheitergesang. HIER BEGINNT EINE NEUE UND WIR, alles hat sich verkrochen. Teuflisch stinkt das Haus. IRRE GEMACHT DURCH EIN GROSSES PUBLIKUM OHNE GESCHMACK. Er hustet – KANONADE VON VALMY – sich die Lungen raus. Die eignen Zweifel sind ein starker Tabak.
BEDECKE DEINEN UND ÜBE GLEICH. Die Klugscheißer werden zur materiellen Gewalt. Alle wußten, wies kommt. Verbrüdert sind Republik und Kaiserreich. ÜBER ALLEN WIPFELN bleibt RUH. Die neue Zeit ist steinalt.
SAGT ES NIEMAND. NUR DEN WEISEN! Er balanciert über die Rieselfelder der Tatsachen. Warum sich ins Feuer werfen? Er wird kein heißes Eisen. DER TAG IST ANGEBROCHEN UND WIR WERDEN DIE LÄDEN NICHT WIEDER ZUMACHEN

Winckelmann

Im preußischen Sand vertrocknet
Kleintoter Kaffs zwischen ungelesenen
Alten Büchern und stelzigem Klugscheißerpack

Das Mittelmeer Schwappt Ins Regal

Den schönsten Jünglingen Marmorn
Wischt er den Kies von der Haut
(Schatzgrübler graben aus Dreck)

Fort aus den markigen Klitschen
Ein Geheimnis in dieser Öde
Vorzeitig vergessen
Tut sich auf unter der kalten Kontur
Hört er das uralte Herz zaghaft
An die Eischale lachen
Blind schon vom Licht
Steht der Tiber Ufernd steht
Ein Mann da wäßrig die Haut
Will nicht mehr fort vom Glück

Ich braue das bittere Bier
für Erich Mühsam

Ich braue das bittere Bier,
Den Wehrmut, ich breche den Stab,
Ich treib hinter meiner Tür
Die sorglosen Kinder ab.

Ich male mir Narben zum Fest.
Vergeßt doch, wie schön ich noch bin.
Bis man von den Reden läßt
Und reicht mir Almosen hin.

Ich singe den Übermut her,
Und redet man laut von Gefahr:
Ich lache und stopf das Gewehr,
Ich tanze und häng am Haar.

Ich spucke die Galle, das Gift,
Ich streue den Sand in das Brot.
ICH LASS MEINE HOFFNUNG NICHT,
Ich raufe und leb mich tot.

Zerfallnes Gehöft in Schmuggerow

Tapeten von sechsundvierzig,
Das Haus wie ein Buch, fleckig
Beregnete Karten, Katzen streunen
Um den Küchenherd, ja, durchs Dach
Äugen Chefpiloten beim Kriegspielen,
Und in der Küche duftet der Flieder.

Zahn um Zahn tickt die Zeit,
Die aus den Fugen ist, klinkerweise,
Handgeformt, und oberflächliche Kratzer
Siehst du, Spuren versteckt ins Gemäuer,
Vorm Brennen, voraussichtlich; ich fahr
Hinweg übers Verbindende, so als berührte
Meine Hand eine grob fremde,
Drückt mir die Knochen, ich schreie, sehe sie
Handlangern, trinken, saufen, greifen,
Die Mädchen im Flieder, Heil
Rufen, Brot schneiden, zuschlagen und
Immerwieder ein Haus baun aus Schutt,
Diese Pranke langt aus den Steinen
Formt, brennt, baut, brennt, klopft ab,
Baut, brennt, klopft ab, baut …
Und in der Küche duftet der Flieder.

Komm herein, hier wollen wir
Eine Stunde wohnen, alle Winkel
Geöffnet! Türen fehlen, Fenster,
Die Landschaft ein hohes Zimmer.
(Wie eine große Kammer, wo ihr des Tages)
Es wird keine Haftung übernommen.
Und in der Küche duftet der Flieder.

Wir heiraten jetzt, wie die Kinder, den Topf,
Mutter, der ein Loch hat, mit Sand-
Kuchen gefüllt. Vater kommt ausm Krieg,
Von der Arbeit, ich bin Vater, umarme dich,
Du trägst eine blaue Schürze, mein Kittel
Ist am Ärmel geflickt und die Decke stürzt uns
Eine Füllung Käfer auf die Köpfe,
Zeitungen, Nasser, Ulbricht, Täve Schur,
Große Mützen baun wir uns und
Gehn in den Garten, die Bäume
Tragen gut heuer! Jetzt wollen wir
Glücklich werden. Von weitem noch sehen
Wir das zerfallne Gehöft sich breit machen.
Aber den ganzen Tag
Duften die Haare nach Flieder.

Warzok & Willhaus

(Foto aus dem Lager Janovsk)

Warzok & Willhaus verlassen das Gebäude.
Links vor der Tür die Kapelle. Die Violine jubelt!
Warzok Warzok war das nicht ein Mittagbrot!
Links vor der Tür die Kapelle. Die Klarinette jubelt!
Willhaus Willhaus Tomatensuppe und ein halbes Huhn
Glücklicher Tag Nun an die Arbeit summt die
Kapelle für Warzok & Willhaus
  Warzok puhlt Fleisch ausn Zähn'
  Willhaus quält Galle
  Warzok lockert Schnalle
  Vom Gurt Jetzt noch Weiber grient Willhaus
  Warzok & Willhaus gehn ausm Haus raus.

Warzok & Willhaus bemustern die Kapelle
Links vor der Tür diese Tiere Die Violine puhlt
Warzok Warzok aus den Zähnen das Mittagbrot
Links vor der Tür die Galle am Gurt Jubelt
Willhaus Willhaus Klarinettenblut und 2 Weiber
Glücklicher Tod Nun an die Arbeit summt das
Gebäude für Warzok & Willhaus
  Warzok puhlt Fleisch ausn Nägeln
  Willhaus quält Magen
  Warzok kann mehr vertragen
  Von Arbeit Jetz is mir schlecht grient Willhaus
  Warzok & Willhaus mustern die Kapelle aus.

Warzok & Willhaus sind Chefs in Janovsk Die Kapelle
Links vor der Tür Jubelt Puhlt Tod ausn Geigen
Warzok Warzok du SCHÖNER TOD IM LEDERMANTEL
Links vor der Tür die Kapelle verspielt sich
Willhaus Willhaus das halbe Huhn voll Tomatensuppe
Lebt etwa noch an der Flöte Nun an die Arbeit
Sagen sich Warzok & Willhaus
  Warzok reißt Arm ausm Rücken
  Willhaus tritt Magen
  Warzok kann sagen
Arbeit geht nie aus von Totmachen von Schweinen Willhaus
Warzok & Willhaus rotten die Welt aus

»Physische Kennzeichen des faschistischen Kämpfers:

1. *lebhafter und genialischer Kopf
mit starken und ungebärdigen Haaren.*
2. *glühende, stolze und zugleich arglose
Augen …*
3. *sinnlicher und energischer Mund, der mit
Leidenschaft küssen, mit Empfindung singen
und gebieterisch befehlen kann.*
4. *Elastizität schlanker Muskel …*
5. *Herz wie ein Dynamo … Leber eines Leoparden.*
6. *Beine wie ein Eichkätzchen, um auf alle
Gipfel zu klettern und alle Abgründe zu
überspringen.*
7. *nüchterne, männliche und sportliche
Eleganz, die erlaubt zu laufen, zu kämpfen,
sich loszureißen, zu tanzen, eine Ansprache
an das Volk zu halten.«*

(Mario Carli: Manifest des futuristischen Kämpfers)

Winter
für H.M.

Der Schnee fällt weiß und wälzt sich auf den Steinen.
Die Toten frieren. Blaß klirrt mein Gesicht.
Die aufgerissne Straße schmerzt mich an den Beinen.
Auf meiner Netzhaut brennt das Licht.

Du hörst, die Blätter sind gefroren. Brücken
Zersprangen gläsern, als ich drüberstieg.
Ein Schneeball schlägt an meinen Rücken.
Verstecke mich im Mantel vor dem Krieg;

Mit nacktem Fuß, ich spüre, daß ich lebe.
Ich tau das Brautkleid weg im Fieberwahn.
Ich merke, wie ich an den Steinen klebe
Und falle stumpf in eine Straßenbahn.

Das ist die Zeit, sagst du, in der wir frieren,
Und schlägst mich warm, aufs Nasenbein.
Es tropft ein altes Gift aus meinen Nieren.
Durch deinen Kopf fliegt rot ein Stein.

Jetzt komm, wir wollen Spuren suchen.
Kann sein, kein bessres Jahr wächst mehr heran.
Wie große Vögel hängen an den Buchen,
Den roten Buchen diese Toten dran.

Auf dich, mein geliebtes Berlin II

Heimkommen mit Hunger im Bauch.
Ich flieh aus der U-Bahn. Zurückbleiben!
Leben zum Privatgebrauch.
Die Stadt flieht hinter die Fensterscheiben.

Ich schwimme den Strom der Mäntel durch.
Geschleust von Ampeln. Es fließt.
Guten Abend! Gute Nacht! Sag ich Lurch,
Der unter tausend Beinen kriecht.

Der Abend malt die Wangen rot.
Ein totes Haus wird aufgemotzt.
Vor der Kneipe liegt Brot.
Aber schon ausgekotzt.

An den ungeputzten Fenstern blühn
Taubendreck und Schnittlauch.
Ich blase die Zigarette ins Grün
Des Himmels mit Hunger im Bauch.

Lebenslied (1977)

Ich plane die Schmerzen mit ein,
Ich atme den Rauch, der mich aufkratzt und nährt,
Ich schwärze die Lungen mir ein.
Weiß: Leben ist nicht Artigsein.
Ich höre die Warnungen, die man spricht,
ABER VERZICHTEN WILL ICH DRAUF NICHT.

Ich plane das Herzweh mit ein,
Ich schmiege mich, Liebste, fest an deinen Leib.
Weiß, das wird nicht für ewig sein.
Ich höre die Zeit ticken in uns zwein.
Die Schwüre auf Treue, die glaub ich nicht,
ABER VERZICHTEN WILL ICH DRAUF NICHT.

Ich plane den Ärger mit ein.
Ich melde mich unaufgefordert zu Wort.
Mein Herz ist nicht rein, bin nicht klein.
Ich will einfach dagewesen sein!
Wird heiser die Stimm mir auch, bis sie bricht,
ABER VERZICHTEN WILL ICH DRAUF NICHT.

Ich plane den Kummer mit ein.
Ich liebe mir Kinder her auf diese Welt.
Verlieb mich in ihr Lachen und Schrein.
Ich will einfach nochmal Lebendigsein.
Und nehmen sie Platz und Zeit mir, so ists.
ABER VERZICHTEN WILL ICH DRAUF NICHT.

Lebenslied

Gesang
① Ich plane die Schmerzen mit ein
Gitarre
Ich atme den Rauch, der mich aufkratzt und nährt
Ich schwärze die Lungen mir ein. weiß:
Leben ist nicht Artigsein! Ich höre die
wahrnungen, die man spricht. Aber verzichten
will ich drauf nicht, Aber verzichten will ich drauf NICHT.

Ich plane den Kater mit ein,
Ich trinke den Boden der Gläser ans Licht.
Weiß: Früh werd ich zerschlagen sein.
Ich tanze, ich singe, ich schenk mir ein,
Und rechne nicht aus, was mich würgt, was mich bricht.
ABER VERZICHTEN WILL ICH DRAUF NICHT.

Ich plane die Sorge mit ein.
Ich greife verlockend weit aus meiner Zeit.
Ich träume mir das Anderssein.
Will leben, eh mich Gewöhnung zuschneit.
Mag sein, daß man später ganz anders anders ist,
ABER VERZICHTEN WILL ICH DRAUF NICHT.

Schmuggerower Elegie VIII

Bei einer Tasse Kakao sagte mir
Ein alter Genosse: Du, es ist Zeit.
Das Café hieß wohl »Café Freundschaft«,
Es war März, der Monat des Sterbens,
Und die Kellner sammelten schon
Tischdecken ein. Er jedoch, gegen
Polizeistunden, sprach von damals,
Als mit abgekauten Nägeln Seinesgleichen,
Die Dressur verratend, abwarten mußten
Den Schüttelfrost, aus dem
Kopfstand zu kommen.

Ich gestand ihm meine Mordabsichten,
Wenn ich mehrere Stunden
Auf den Zug warte, und andauernd
Schlug ich die Asche ab der Zigarette.

DIESEN WEG AUF DEN HÖHN
BIN ICH OFT GEGANGEN.
Ich weiß nicht mehr, ob ich
Die Rechnung bezahlte, jedenfalls
Kaufte ich eine Fahrkarte
Nach Anklam, von dort
Nahm ich ein Taxi.

Hier sitze ich. Forme
Sandwichs. Die Katze
Zerknirscht eine Maus.
Mein Bewußtsein macht
Einen Waldlauf.

Gerne nähm ich die Ruhe, jetzt vor dem Fenster
Aufzuschreiben: die Formen der Schneeglöckchen,
Wie sie mein derbes Auge erweichen, aus dem
Schmutz des Winters gebastelte Zwerge; Gras und Getier
Könnt ich klingend verzieren, das gottlose
Streben der Landschaft, analysieren,
Daß der Sommer nun kömmet.

Doch mein Herzschlag ist auf schnelle
Viertelnoten eingetaktet,
Radiorhythmen, Düsenjäger,
Ewig bin ich angesoffen.

In der Sprache der Pflanzen flüchtet die Utopie
Zur Auferstehung. Meine Augen
Mögen das. Es gibt etwas, was sie einfach
Nicht sehen: Hinter einer Mauer den Ball,
Oder Mauer und Ball sind erdacht oder
Befinden sich in Amerika oder z.B.
Induktionsströme. Überhaupt montiere ich
Zitate. In Wahrheit bin ich ein Engel.

Grenzen

(Sechs Gedichte für Hölderlin)

»Die soziale Revolution des neunzehnten Jahrhunderts kann ihre Poesie nicht aus der Vergangenheit schöpfen, sondern nur aus der Zukunft. Sie kann nicht mit sich selbst beginnen, bevor sie allen Aberglauben an die Vergangenheit abgestreift hat. Die früheren Revolutionen bedurften der weltgeschichtlichen Rückerinnerung, um sich über ihren eigenen Inhalt zu betäuben. Die Revolution des neunzehnten Jahrhunderts muß die Toten ihre Toten begraben lassen, um bei ihrem eigenen Inhalt anzukommen. Dort ging die Phrase über den Inhalt, hier geht der Inhalt über die Phrase hinaus.«

K. Marx; Der achtzehnte Brumaire des Louis Bonaparte.

1

Und du wohnst wirklich
Hinter all den Grenzen dies gibt?

2
Schmuggerower Elegie VI

Poesie nicht aus der Vergangenheit schöpfen ...
(K. Marx)

Zwischen Proudhon und Napoleon dem Dritten steh ich, ermüdet
Auf vom Tisch. In den Morgen steck ich den Kopf
Wie in eine Schlinge. Die Mandeln eitern.

Nebelmonat um Monat. Wills dieses Jahr nicht mehr schneien?
Du kommst den Berg hoch, klappernd die Flaschen
Milch und hältst sie an meine kochende Stirn.

Hugo stolziert durch das Zimmer. Ich schlage die Augen
Auf wie ein Buch. Rechts links rechts ...
Neununddreißig Komma sechs. Deutschland.

Eine Mischung aus Salben gegen Reizungen ist die Vorzeit.
PROLETARISCHE REVOLUTIONEN DAGEGEN, liest du
Vor, KRITISIEREN BESTÄNDIG SICH SELBST?

Penicillin treibt mein Herz in die Leukozytenschlacht.
MENSCHEN MACHEN EIGNE GESCHICHTE ABER NICHT
AUS FREIEN STÜCKEN, komm, sagst du.

Marx auf dem Tisch, den ich seh, in den Armen, vom Bett aus.
VERHÖHNEN GRAUSAM GRÜNDLICH DIE HALBHEITEN
SCHWÄCHEN. Auf der Zeitung steht heißer Tee.

Ja, die erste Liebe ist einfach, sagst du, vergleiche
Doch nicht alles. ABER DIE REVOLUTION
(ist grünlich?) IST GRÜNDLICH! Ich fieber.

3

DAS HÖLDERLIN-LIED
Dreifarbiger Vorhang zum Applaus
Über die Bühne geschoben.
Die Operettenrevolution ist aus.
Wir haben uns von den Plätzen erhoben.

Man darf wieder witzeln. In Seide verpackt
Liegen die Helden im Neonlicht.
Ich warte auf den dritten Akt,
Aber den spielt man nicht.

Verbannt ins Parkett! Mein Gesang
Paßt nicht in dieses Stück.
Mein halbes Leben ist nicht sehr lang.
An der Kasse gibts das Geld zurück.

Gerührt greifen alle zum Portemonnaie.
Polizisten räumen den Saal.
Der Freiheitsbaum ist aus Pappmaché
Und blüht uns nicht nochmal.

4

H SAGT: Der Reisepaß zwischen den Generationen ist eine feine Sache! Kein Privileg, kein Günstling kann ihn verschaffen. Die Länder sind Zeiten. Schmuggler packen am Abend die heiße Ware durch den Mund aus dem Schädel. Großväter, Schäfer, Spinner, Matrosen ... Schweiß tropft aus der Mütze Gedächtnis. Scharf! Lacht der Zollbeamte, fährt mit dem Daumen prüfend die Sense lang.
H SAGT: Wir sollten anfangen! Die erfundenen Fahrräder werfen Schatten in die zukünftige Vergangenheit, in die vergangene Zukunft.

5

ER DACHTE DURCH DIE ZEIT BIS AN DEN RAND,
Bis die Blicke sich krümmen im Raum,
Bis man sich selbst nachsah,
Bis man absehen konnte, was kommt.

ER MUSSTE UM ZU SEHN DIE AUGEN SCHLIESSEN,
Bis sein Turm, eine Rakete, abhob,
Bis man, von ganz weit, alles sah,
Bis man absehen konnte, was ausbleibt.

6

IN MEINEM KOPF, das da, sperrt sich,
Gegen, was es braucht, Strom, also Ufer;
Gegen, das es schlägt, ein Meer, Land.
Mein kreditwürdiges know-how loben Dispatcher.
Fremd gehe ich fremd.

Schmuggler, Ohren und die anderen
Sinne, die mich beliefern, sattfüttern
Mit Staatsgeheimnissen, den alten
Weisen, Bleioxid, machen mich
Gegen mich aufsässig.

Jeder hat Recht. Wie nur ein Mann,
Energisch, stehn viele Männer
Vor dem Infarkt, im Wohngraben,
In der allergischen Epoche. Volker hört
Die Signale. Wer ist Volker? Fragt Volker.

Auf und ab, in historischen Kleidern
Gehn meine Freunde, Sklerosen im Anzug, und hoch
Die gekräuselte Füllung der Köpfe, Aldehydgruppen spalten
Sie hoffnungsgeladen, reden mir
Ein und aus die Entscheidungen.

In meinem Kopf, aber das, gegenwärtig,
Verhornt, verballhornt, das da, das
Schmerzt, dauernd, das sich sperrt,
Gegen, was es braucht, Ufer, also Fluß,
Gegen, das es schlägt, ein Mehr, Land.

Schmuggerower Elegie III

Die Städte stehen kopf. Ich bin verloren.
Wie immer flieh ich. Das Versteck ist gut.
Fern hör ich das Verrecken der Motoren.
Der Trotz der Winterbuchen macht mir Mut.

Das Haar verfilzt. Ich trete tiefe Spuren.
Still liegt die Erde. Eine Krähe schreit.
Seit einer Woche stehen alle Uhren.
Die Staatsminister sind zu jedem Schritt bereit.

Der Ofen schlägt, als wärs ein Herz, die Flammen
Durchtanzens Zimmer, und der Holzgeruch
Wächst durch mich durch und hält mich fest zusammen.
Der Honig tropft vom Brot aufs weiße Tuch.

Schnee fällt ins Haus. Steif sind die Hände.
Wie immer bleib ich. Mein Versteck ist gut.
Die Kälte frißt sich durch die Wände.
Der Trotz der Winterbuchen macht mir Mut.

Drei-Dimensionales Bild einer Dorfkirche bei S.

Eine Glocke, die einen schönen
Klang schlägt, in einem Krieg, unhörbar

Eine Glocke, die einen schönen
Klang schlägt und geopfert wird, für Krieg

Ein leerer Kirchturm, der erinnert
Ein alter Klang die Augen an die Ohren

Meine häßlichen Schuhe

Meine Mutter nicht und keine
Meiner Geliebten, selbst Bäume,
Ich nehme mich da nicht aus, denn
Ich habe mir diese Zeit nicht gesucht,
Bewegt sich AUS FREIEN STÜCKEN.

Auf dem Alexanderplatz lief ich, einen Kopfhörer
Über den Sinnen, zu den Bildern der falsche Ton,
Aus dem Kino blickte in meinem Hirn
Hundsgesichtig der Wärter durch die Zellentür.
Der Schlüssel dreht sich, ein Messer
In meinem Fleisch, DER BLEIERNEN ZEIT.

Seltsam trostlos ist es, sich andauernd
In einer Schaufensterscheibe zu sehen,
Umgeben von Wiederholungen. Ich red nicht davon,
Was ich auf langen Zugfahrten ausdachte, den Blick
Aus dem Fenster, in dem das Land wegläuft.

Damals schwatzte die Großmutter
Mir ein paar Schuhe auf, braun und klobig.
Als der Winter kam, trug ich sie,
Bis ich mich an den fremden Geschmack
Gewöhnte. Paßt doch, sagte sie nur.

Als wir die Bäume gelobt hatten

Als wir die Anmut der Bäume
Gelobt hatten, legte sich
Mit aller Schwerkraft der Weg
Unter unsere Schultern, gepolstert
War seine Haut, und friedhöfisch
Spannten Wurzeln sich um deine Hüften,
So als verwüchsen mit Gräsern wir, Gebein
Lag, wo wir lagen, satt
Drehte sich, wie überm Grill
Das Land im hellblauen Abend. Fern
Mischte ein Radio sich in die Zeitungen
Aller Lerchen, und du
Sagtest mit fremder Stimme: du, schon
Springen wie Funken Lichter
In ferne Fenster. Auf die Hände
Sahn wir, die leer warn, daß wir
Uns anfassen konnten und meinten,
Die Zeit wäre gekommen.

Feinslieb, du lachst dazu

Feinslieb, nun ist das Blätterbraun
Schon wieder in den Spitzen,
Wann wir unterm Kastanienbaum
Am Abend fröstelnd sitzen.
Das Jahr geht fort mit schwerer Fracht,
Es bindet sich die Schuh.
Ich bin so traurig heute nacht,
Und du, du lachst dazu.

Feinslieb, die schwarze Jacke hängt
Die Schultern ab mir wieder,
Wann schon so früh das Dunkel fängt
Und uns die Kält die Glieder.
In deinen Augen glimmt noch leis
Der Sommer voller Ruh.
Ich wein, weil ich nicht weiter weiß,
Und du, du lachst dazu.

Feinslieb, das war es also schon,
Der Sommer ist vertrieben,
Die Vögel sind auf und davon,
Und wir sind hier geblieben.
Fremd zieh ich ein, fremd zieh ich aus,
Ich weiß nicht, was ich tu
Heut nacht, verwelkt ist mein Zuhaus,
Und du, du lachst dazu.

Feinslieb, du lachst dazu

Feinslieb, komm stirb mit mir ein Stück,
Sieh, müd die Blätter schweben,
Wir drehn das Jahr doch nicht zurück,
Das angebrochne Leben.
Laß in dem Kommen, Bleiben, Gehn
Zertanzen uns die Schuh!
Ich will noch soviel Himmel sehn,
Und du, du lachst dazu.

Summe
für Heiner

Was haben wir uns geschunden
Nur nicht traurig auszusehn
Und die nie gehabten Wunden
Taten weh und waren schön

Das Abschmink-Lied

Still vom Klatschen und vom Schreien
Über meine derben Witze,
Steh ich plötzlich vor den Reihen,
Einsam, all der leeren Sitze.

Ausgetrocknet sind die Lippen,
Hals und Kopf sind leergesungen,
Stechend ist in meiner Rippen
Käfig mir mein Herz gesprungen.

Stunden später, müd, beim Feste,
Einen scharfen Schnaps im Glase,
Stierte eine auf die Reste
Schminke über meiner Nase.

Aussatz ziert mich! Einen Narren
Hast du neben dir zu sitzen.
Hoffst, ich zög dir jeden Karren
Aus dem Dreck, mit meinen Witzen.

Freilich kann ichs! Nur Sekunden,
Da die Augen sich noch drehen
In artistisch großen Runden
Um die Augen, die mich sehen.

Alles, was ich hab, verteil ich,
So erfinde ich mein Glück.
Meine Narrenfreiheit freilich
Ist ein lächerliches Stück.

Diese frühe Stunde

Diese frühe Stunde
Haben wir genäht
Mit kleinen Stichen
An die Nacht

Mc Donald's Weltbulette

Hineinbeißen und glücklichsein ins fade Leben kommt leben Die ganze welt mit gleichem geschmack Grenzüberschreitend Trotz politik Auf der reeperbahn und jeder autobahn neuerdings auch paris Vorsündflutliche küche Wie Asien in angriff genommen Wie hitler in wenigen tagen Égalité jeglicher filiale Grammzahl garantiert Gradzahl Farbzahl Geldzahl Geschmack Stoffwechsel Stuhl Gleiche alpträume Bleibende schäden Dieser clevere mann erfindet doch und die menschheit wie wenn sie drauf gewartet beißt und verdaut Technologie Fraternité Davon träumte Danton Kühnheit Mc Donald Den Namen sollten sie United states Bombenland konkurssicher Rüstungsdings Brüder in brasilien Rinderhorden Leibrichter Brasiliens weltlunge kleingehackt in der bulette cc oh 2 macht uns frei Alles frißt und atmet Mc DONALD Abgerichtete zungen Sicherheit Neue Zeit Zivilisat Epikur als werbespezi Heinrich Heine in Form einer Zuckererbse dazwischengemengt Der liebe hackepeter ist eingeschlafen Napoleon drei blaß denn jetzt kömmt ER. Mäcci Donald mit messer und gabel.

Deinen Eierkuchen, die Single, wend ich, ein
Äquilibrist, die Pfanne, als lachten wir
Über den Fortschritt der Pampe, schmeckt.
Und lang deine Lippen glänzen vom Öl,
Als spiegelte sich der ganze Hunger
Der Erde und meiner auf deinem Mund.
Mc Donald, mit anderem Namen, vielleicht
Zu dieser Sekunde, da ich dich küsse, schläft,
Läßt einen Rivalen vernichten oder
Telefoniert mit einem
Typen mit Brille.

Schmuggerower Elegie IV

Ich glaube, alle Heldentaten wurden unter freiem Himmel erdacht.
W. Whitman

1

Pilger und Flüchtling bin ich, der Weg, eine offene Wunde.
Dicht beklebt mit Gift, schwindlig von U-Bahn und Bier
Tret ich aus dem Gebüsch, einen Stock in den Händen: Hier bin
ich!
Ich!! Vagabundengesicht trag eine Mütze, die hat
Nachts grüne Sterne und Mond, einen Mantel aus Schlamm,
und ich bäume
Auf mich, ein Baum, daß mein Fuß schreckhaft die Erde erkennt.
Weich ist die Erde, Wasser und Sand sind die Länder, erstarrt
und
Fern. Der Himmel ist frei. Kein' Freund und kein'
Feind gibts, die ich erkennen könnte in dieser Sekunde.
Mich aber lockt nur das Licht in seiner Stille.
Jeder ist fremd, und Jeder ist der Andre, dem er
Ausweicht; Jedweder Schritt: Kommen und Gehen. Vertraut
Haben mir in meinem Rücken die Städte umsonst. Voll Undank
Predige ich den starren Zeigern der Uhren die Zeit.
Aufgebrochen die Welt liegt. In die Welt bin ich aufgebrochen,
Wechselnd die Rollen, das Land, Pilger und Flüchtling,
stimmt an:
UNGREIFBAR, ICH IN DEN REGENVERLIESEN DES
BÄRTIGEN WALDES.

2

Ich habe die großen Städte der Erde,
die besungenen und verhaßten Städte,
Noch nicht gesehn; fremd und bekannt die Namen:
Paris, London, Rom, Madrid,
Kairo, Tokio, Rio, New York,
Florenz, Teheran, Algier,
Santiago, Peking, Mexico,
Managua, Hamburg, Wien …
Ich habe die großen Städte der Erde
noch nicht gesehen, gerochen, gespürt.

Ich habe die großen Meere der Erde,
den atlantischen, indischen Ozean,
das Nordmeer, den stillen Ozean,
Ich habe die Endlichkeit der großen Meere
noch nicht gesehen, gerochen, gespürt,
noch das Schirfen der Gezeiten
mit den Zehen gehört, noch die höchsten
Berge ertastet, noch gebeugt mich
fremdesten Sitten, Speisen.

Ich habe die großen Flüsse, Alleen,
Wüsten, Seen, Wälder, Kanäle,
Schiffe, Häuser, Steppen, Eisberge,
Ich habe die Welt noch nicht
gesehen, gerochen, gespürt;
Selbst Vergangenheit oder
Zukunft sind unerreichbar:
Ich klebe fest in der Gegenwart, immer
das kleinste Stück, auf dem ich bin.

3

Hier aber, der nahen kalten Erde nah,
Hör ich, hinterm Wald, weit, hinterm Horizont,
Hör ich von rechts links unter mir hör ich
Das ewige Sprechen der Erde, den Länderreigen:

Stimmhafte Lieder: Fußstapfen: Fässer aufschlagen:
Geschrei: L' internationale: Sirenen: Serenaden: Schüsse:
Panzer: Schlager: Alle Länder bekommen Stimmen: Alle
Stimmen bekommen Länder: So still ist es, so nah.

Tiefe Stimmen, dumpf, fern; nie gehörte. Oft
Verwechselt mit Staatsmännern, Hymnen, dem Radio.
(Länder aller Länder vereinigt euch!) Denn das Land
Ist nichts als ein Stück Erde auf der Erde.

4

Schweigt! Ich sehe alles ein.
Darin besteht meine Tragik.
Ich hause im Wald und wohne.
Die Grenze in meiner Brust
Teilt Mensch und Tier, Herr und Sklave,
Wandrer, Stubenhocker, Alles in Einem.
VON DEN SOZIALÖKONOMISCHEN KNIFFEN
HABE ICH DAS WICHTIGSTE BEGRIFFEN!

Wär ich zweimal jetzt, hier
Und in den Städten, funkkontaktiert,
Mein Netz reichte über die Erde:
Jede Stadt durchschreite ich, nicht
Tourist! Als Bewohner, mitfiebernd.
DER EPOCHENKAMPF WURDE ZUM DIENST, GEHEIM UND
VOLLKOMMEN!
DAS HEER DER BEAMTEN HAT DABEI NICHT ABGENOMMEN.

Einer hätte alles gelesen, ein Schäfer
Der Andre, vogelfrei, Vagabund, Ketzer,
Der Andre angesehen, willkommen,
Tiefe Augen, der einen Rat weiß, Hand
Anlegen kann der Andre, kräftig
Die Arme, fein die Sinne der Andre.
WACHT AUF VERDAMMTE, MACHT ENDLICH DAMPF!
ARBEITSTEILUNG, ENTFREMDUNG, KLASSENKAMPF.

Nur ich allein bin mir zu wenig.
Nur ein Land ist kein Zuhaus.
Nur jetzt ist keine Zeit.
Darin besteht meine Komik.
Schweigt! Ich sehe gar nichts ein.

5

Er streckt sich! Weite Land Flächen verschlucken ihn.
Hoch reißen sein Haar die Kiefern. Ein Folterbock
Ist die Lichtung, er drauf gespannt, geblendet,
Daß die Adler zerreißen von seinem Schrei.

Eisenbahnen trommeln über seinen Rücken. Mit ihren Nadeln
Schießen Tannen auf die Augen, und eine riesige Explosion
Ist das Gras auf seiner Brust, daß, aus ihrem Frosttod
Erwacht, die Ameisen ihm Pore um Pore vergiften.

Ein Edelholzkruzifix seine Wirbelsäule und er liegt da,
Sand unterm Rücken, Adern Kohle Diamant Lehm,
Über ihm Nichts: Wolken Licht, eigenartig blau
Gestrichner Himmel, daß ihm seine Lippen springen.

Aber er wächst holzig, steht ab nach allen Richtungen
Von der Erde, eine hohe alte Kastanie,
Daß Getier und Stürme durch ihn fliehen,
Denn sein Mund ist Wüste oder Meer.

Sein Arm ist ein Fluß, eine Allee, sein Auge ein See,
Eine Stadt, sein Ohr Höhle, ein Fels, seine Nase
Eisberg, Empire State Building, sein Bart der Wald
Oder Tang, die Brust Savanne, Füße das Ende der Welt.

Also sprach er: Jetzt meine Freundin habe ich dir
Gezeigt meinen Körper, meine Wunden. Nun komme.

VORHER, WENIG SPÄTER NOCH UND JETZT
Habe ich dieses Verlangen
Nach einem großen Platz
Nach einem Platz Leute.

Einer nach dem Andern steigt
Auf den Tisch, ruft,
Was er weiß, wer nichts
Weiß, schweigt, hört.

Auf dem Tisch liegt die Kruste
Aus dem Profil der Sohlen
Und die Frauen streichen
Den Rock glatt zu Anfang.

Schmuggerower Elegie V
für Eberhard Schmidt

Die Weltgeschichte ist eine Frau, die am meisten kränkelt,
wenn sie guter Hoffnung ist.
(Buddelmeyer-Zeitung 1856)

Den Tisch aus dem Fenster gehoben, dampfenden
Tee tragen, hinstelln in die Sonne, Wind wischt
Die Krumen weg, am Bauch der Steinguttasse
Die Hände wärmen. Ich erinnere mich immer
Beim ersten Frühstück im Freien an Spanien,
Wo ich nie war, oder ich warte in Südfrankreich
Hinterm Stacheldraht, geschlagene Interbrigade.
Bevor ich die Schneemilch trinke aus den gestülpten Lippen
Der Flasche, köpfe ich glücklich das Ei, Dotter blutet
Ins Gras. Wir haben eine große Schlacht verloren!
Franco im Rücken. Hitler vorm Bauch. Einen
Frühstückstisch vor Augen, in Mecklenburg, am Mittelmeer.

In solchen Momenten schweb ich in Gefahr,
Meine Unruhe anzuhalten, gelassen mit dem Gras
Abzuwarten die Maitage. Mein Frühstück im Freien.
Keine Demonstration, Konferenz, Taktik kann
So gut tun, wenn das Frühjahr schreit aus den Mündern
Der Vögel, das Tischtuch weht als verbotene Fahne.
Durch ungeblühten Mohn, seh ich,
Wie durch ein Glas Malaga, meinen Freund kommen,
Sechsunddreißig, bemüht um Spanien, um jede Stadt
Der Erde, die Barcelona heißt, Madrid … Einfach
Die Sachen packen! für ein Frühstück im freien
Baskischen, Asturischen; ohne Rückfahrkarte, nur so.

Im Rücken das Haus, durchsichtig; Tür, Fenster;
Mein Tisch im Gras, im Gebirge der Maulwürfe,
Bekränzt mit Lauch, Tellern, Händen, Fingern,
Die sich um die Äpfel streiten. Wenige sind hingefahren,
Aus Angst, das Leben wär eine leere Flasche, die man
Wegwirft, weils kein Pfand gibt, wenn alles verloren
Scheint, und du müßtest aufstehn, losgehn einen Schritt,
Als wüßtest du, wohin. Ich sage, das da ist Spanien,
Mit dem Fuß kratz ichs in den Sand; ein Kreuz, da
Sitzen wir weglos gefangen, singen, um nicht
Zu schweigen, trotzdem weiter, den Text vergessend
Stückweis oder hustend, daß wir innehalten.

Wie Salbe streich ich Butter über die Narben
Des Brots, über den Satz: Es gibt Situationen
Ohne Ausweg. Aus der Wurst duftet Majoran, stärker
Als Gras, Nässe der Schonung. Die Erde, wie immer
Hält, ein Lasttier, das bucklig unterm Gestirn ausruht,
Am Meer. In dieser Ruhe der Mondwechsel, Baumringe,
Jahrzeiten dauert mein Frühstück ein Jahr Hundert.
Ich nehme mir Zeit, genieße das ewige Zurechtrücken
Der Tassen und Teller, bis sie ihren einzig richtigen
Platz gefunden, bis alles im Einklang steht, zueinander,
Keines wiederholen muß Bogen, Weg, Lage, Graben
Eines anderen, Schmerzen oder Niederkunft.

Das Gras in S.

Sicher einmal, wenn nach tausend Jahren
Einer über diese Stelle streift,
Findet er ein Stück von unsern Haaren,
Das als Gras aus dieser Erde greift.

Diese Stelle wird es sein, es liegen
Beieinander dann wie jetzt wir zwei,
Müde, von den ewig langen Siegen,
Kommen fremd wir wieder hier vorbei.

Vor dem Gras gebückt, das grüne Riechen,
Die Erinnerung befällt uns blaß,
Eng verschlungen werden wir drauf kriechen
Wie die Käfer, ohne Angst, im Gras.

Diese Stelle wird es sein, die Spitzen
All der Gräser sind zerdrückt und tot;
Wo wir einmal saßen, werden wieder sitzen
Wir bei einem endlos langen Abendrot.

Alles wird vergessen sein, das Gras wird wissen.
In die Erde wächst es Tag um Tag.
Das Gedächtnis ist ein grünes Kissen,
Das uns unterm nackten Rücken lag.

DAS GRAS IN S.

Gesang
Klavier
e-m
D-Dur
G-Dur
D-Dur
① Sicher einmal, wenn nach tausend Jahren einer
Findet er ein Stück von unsern Haaren, das als
C-Dur
h-m
e-m
G-Dur
a-m
über diese Stelle streift,
Gras aus dieser Erde greift.
② Diese Stelle wird es
müde von den ewig
Begleitung läuft so weiter!
e-m
D-Dur
C-Dur
h-m
e-m
sein, es liegen beieinander dann wie jetzt wir
langen Siegen kommen fremd wir wieder hier vor=
Zwei
bei.
Strophe ③ wie ①! Zu Strophe ④
Änderung der letzte Takte
letzte Zeile Strophe ④
wir bei einem endlos langen Abendrot.
Strophe ⑤ wieder wie ①

Aber Mandeln, Genossen

Aber Mandeln, Genossen, bittre, feste
Wolln wir die vergessen? Astern
Im Weinglas und die grüne Galle
Fällt vom schuppigen Dach. An alles
Haben wir gedacht. Vorhersicht. Die Gesänge,
Die Gehänge, unaufzählbar. Aber Mandeln,
Genossen, die bittren,
Wollten wir beinahe vergessen.

Schmuggerower Elegie IX

Die Vertragsverhandlungen dauerten an,
Als ich im Aschenbecher die Kippen
Nachzählte. Wir wissen alles. Ostern
Soll dieses Jahr besonders anmutig
Gewesen sein! Ist ja möglich. Ich
Berechne den Kurvenverlauf der
Ringparabel: de ypsilon nach de ix.

Daß ich den Käse dick schneide,
Weil mich spätrömische Prozesse
Zwischen einigen Gin-Tonics beschäftigen,
Ließe Rückschlüsse zu. Zugegeben,
Ich besitze Kontakte zu einem gewissen
Herrn Marx aus dem Bürgertum, dem ich
Größtenteils meine Sentenzen verdanke.

Dennoch faulenzte ich
Gern ein Jahr in der Badewanne
Neben dadaistischen Enten;
Die überm Haus hier,
Zurückkehrenden, langweilen mich.
Wie gesagt, ich stehe noch nicht
Unter Vertrag. Der Aschenbecher
Ist Halbvoll/Halbleer,
Sowohl als auch; aber vorbereitet.

An mich, nachts

Still klopft es nun, das Herz; das Licht im Zimmer,
Geborgt vom Vorderhaus, befällt das Bett.
Mein Kinn ist schwer, und doch flieht mich noch immer
Der Schlaf, erschreckt von einem Düsenjet.
Ich steh noch einmal auf, das Wasser schlag ich
Im Becken ab der Küche, doch die Ruh,
Sie will nicht kommen. Unterm Schädel trag ich
Drei Radiosender, senden immerzu.
Mensch, Wenzel, schlaf, wie bist du auf den Hund gekommen.
Ich habe mir für morgen so viel vorgenommen.

Die Füße brennen. Die gebundnen Schuhe
Zerdrückten mir den Tag lang Zeh um Zeh.
Der Wecker klickt versteckt in einer Truhe,
Daß ich die Zeit nicht so vergehen seh.
Es kichert noch in mir, das sind die Biere,
Die langsam erst verbrennen im Gehirn,
Eh sie zu gelbem Gift in meiner Niere
Und Kugeln Schweiß geworden auf der Stirn.
Mensch, Wenzel, schlaf! Hast keinen Schlag heut abbekommen.
Ich habe mir für morgen so viel vorgenommen.

Ich liege schlecht und zähle, zähle, zähle.
Das Kissen nur im Arm gehört jetzt mir.
Es ist so viel zu machen noch. Ich quäle
Seit Jahren nur die Hälfte aufs Papier.
Es schmerzt zu schlafen. Bitter schmeckt die Spucke.
Ich ruh mich aus vom Lachen. Blassen Schein
Seh ich im Zimmer, wenn ich um mich gucke
Und kann nicht schlafen, schlafe nicht mehr ein.
Mensch, Wenzel, schlaf! Du bist durch alle Zeit gekommen.
Ich habe mir für morgen so viel vorgenommen.

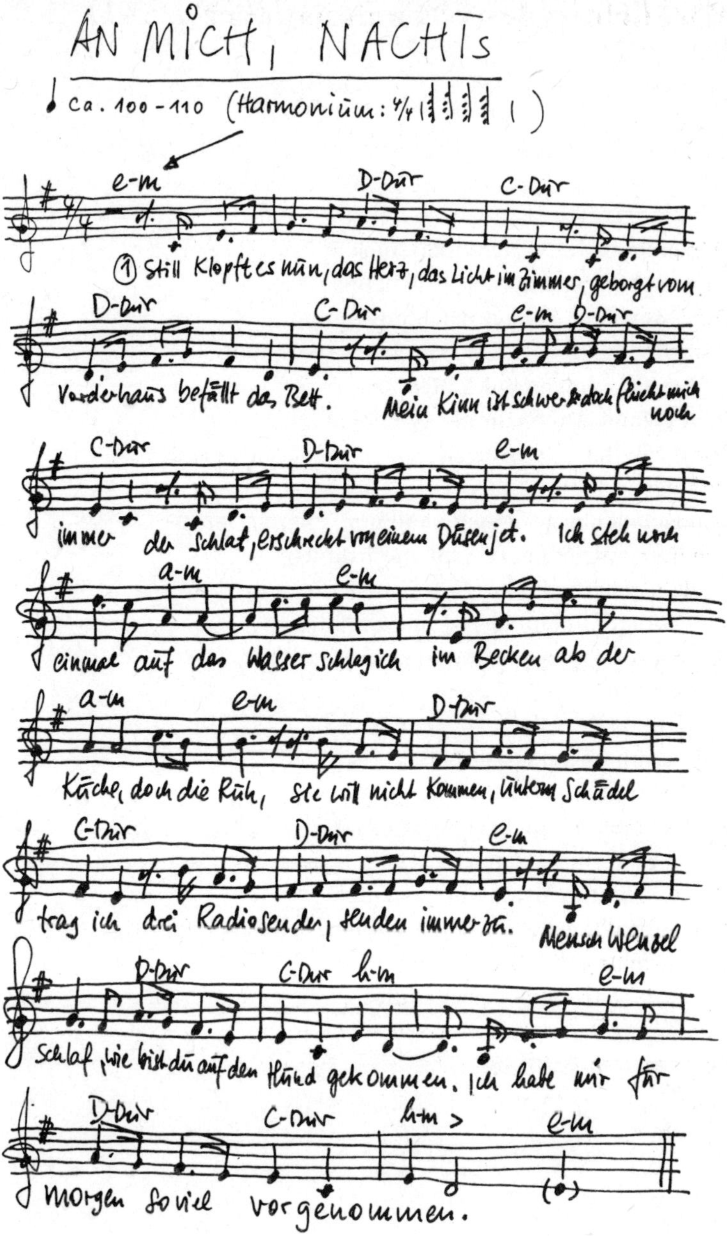
AN MICH, NACHTS
ca. 100-110 (Harmonium: 4/4)
(1) Still klopft es nun, das Herz, das Licht im Zimmer, geborgt vom
Vorderhaus befällt das Bett. Mein Kinn ist schwer, doch flieht mich noch
immer der Schlaf, erschreckt von einem Düsenjet. Ich steh noch
einmal auf das Wasser schlag ich im Becken ab der
Küche, doch die Ruh, sie will nicht kommen, unterm Schädel
trag ich drei Radiosender, senden immerzu. Mensch Wenzel
schlaf, wie bist du auf den Hund gekommen. Ich habe mir für
morgen soviel vorgenommen.

Wir suchten das Verbindungsstück

Wir suchten das Verbindungsstück
Den ganzen Nachmittag. Außengewinde,
Innengewinde, Versatz, Dichtungen und
Wahrheiten, Engelshaar, Anschlüsse verfetten,
Sieben Drehungen links, Bier
In der Hand. Andre zur gleichen Zeit
Verzweifelten oder warfen
Bomben, schmierten
Marmeladenbrote, Kosmonauten
Scherzten in Sauna, Fruchtbarkeitskult
Afrikanischer Stämme,
Werkzeugmaschinenexportplanerfüllung,
Wie immer entgleiste ein Zug, ein Staatschef
Schoß in sich, ein Franzose, nachts
Ballerte wegen Lärmbelästigung
Mit Jagdflinte auf Gastarbeiter
Am Preßlufthammer, Bäume
Schluckten bis zum Komma ze=oh=zwei.
Mehrere Winkel setzten wir ein, unsinnige
Wege, schüttelten den Kopf, nochmal,
Einzeln paßten die Muffen; ein winziges Stück halbzoll
Wasserleitung in Europas verzollter
Sanitärkonstruktion beschäftigte
Unsere speziellen Gehirne. Wir suchten
Das Verbindungsstück.

Chiron
oder
Die Zweigestaltigkeit
(ein Essay)

1

Aus Frankreich zurück (Ich habe die Revolution gesehn!) schreibt Hölderlin (überarbeitet) CHIRON. Ich, von irgendeiner Bummelzugfahrt aus Halle oder Wittenberg zurück, finde das Gedicht. Hölderlin in den letzten Jahren des Schreiben-Könnens (-Wollens?) sucht immer noch angestrengt nach einem Ausweg aus dem Dilemma seiner Zeit. *Die Welt ist aufgeteilt.* Auf der einen Seite stehen die Dinge, Objekte, Umstände, die zum Handeln zwingen und oft erscheinen, als würden sie selbst handeln – auf der anderen Seite die Leute, »Subjekte«, tätige, sinnliche Menschen, die bedingt tun können, was sie wollen (was wollen sie?). Diese teuflische Spannung ist nicht zu überwinden (beide Seiten bekämpfen sich). Und ich habe die Revolution gesehn, in Frankreich. *Ich* dagegen habe sie nicht gesehn. Ich bin nicht hingefahren. Ich lebe gute 180 Jahre kürzer als das Gedicht CHIRON. Aber das Gedicht spricht auch über mich: Der gutmütige CHIRON (ein Centaure), einst in Einheit mit der unberührten Natur lebend, wird von Herakles mit einem todbringenden Pfeil *verletzt.* Ein Unfall. Herakles entzaubert die Landschaft, kultiviert, vertreibt aus dem Paradies. CHIRON leidet große Schmerzen, er ist *unsterblich.* Keiner kann helfen. Ausweglos. *Ewiger Schmerz.* Die Unsterblichkeit wird zur Qual. Die Beteiligten sind ratlos. Auch der Dichter. Ihm hilft die *Mythe.* Hermes verkündet: *Wenn Herakles Prometheus vom Felsen befreit hat, kann CHIRON seine Unsterblichkeit an Prometheus verschenken, kann an dessen Stelle sterben. So endet die Not.* In dieser Warte-Situation beschreibt das Gedicht den Centauren: Er wartet auf seinen Befreier, den Mörder. Die Geschichte geht über *ein* Leben hinweg, ist nur eine Gewißheit über Zukunft. Die aufgeteilte Welt wird zur aufgeteilten Zeit gewandelt. (Persönliche Lebenszeit – Zeit, die zur Lösung des Widerspruchs benötigt wird // wahrnehmbare und nicht mehr wahrnehmbare Zeit.) Die Spannung bleibt, scheint in der Tendenz lösbar. Tendenz heißt hier *Zuversicht.* Auf den möglichen Tod. Warum entstehen solche Gedichte? Worin besteht ihr *Zweck*, daß sie von Generation zu Generation mitgeschleppt werden?

2

Ein Auto fährt vorbei. Zwei Düsenjäger kollidieren. Zwei Dichter sitzen in einer zwischen den Stationen steckengebliebenen U-Bahn.

A: Sie haben sich aber erschreckt.

B: Man trifft nicht alle Tage einen Dichter.

A: Es ist nicht aller Tage Abend. *(Wolfsgeschrei!)*

B: Warum schreiben Sie noch? *(Achtung! Achtung! Hier beginnt ein platonischer Dialog. Zurückbleiben!)*

A: Warum nicht. Fragen Sie mich, um welche Aussage ich ringe, welches zentrale Thema durch mein Schaffen geht, welchen sozialen Background ich bevorzuge, wie ich zur Oktoberrevolution stehe. Ich bin vorbereitet. Fragen Sie mich bitte nicht nach meinem Einkommen. *(Fußballgeräusche: Toooor!)*

B: Ich beobachte an Ihnen Melancholie. Sie trauern über Widersprüche, eine Heulsuse. In Ihren Gedichten fehlen Gegenstände. Ihr Schreiben ist nichts weiter als der Beweis Ihrer Sensibilität, daß Sie tief empfinden. Die Wirklichkeit finden Sie beschissen, unpoetisch, unrevolutionär, witzelnd über die Realität, erklären Sie sich selbst zur Welt. Daß Sie traurig sind über einen Widerspruch / Schmerz reicht bei Ihnen zum Gedicht. Die Widersprüchlichkeit eines Gegenstandes interessiert Sie nicht. Nur das Unmittelbare zählt. Sie wollen nichts außer sich selbst ins rechte Licht rücken, beweisen, daß Sie ein besonderer Mensch sind. *(Vor dem Öffnen Netzstecker ziehen!)*

A: Gestikulieren Sie nicht so stark. Sie haben mir mit dem Finger ins Auge gestoßen. *(Toor! Zurückbleiben!)* Sie sind ein erbärmlicher Analytiker, der nur danach handelt, was ihm die »Umstände« zuweisen. Ihnen geht es immer gut, weil Sie alles einsehen, Sie Apologet! Sie finden die Wirklichkeit gut, weil sie die beste Wirklichkeit ist, die existiert.

B: Meinen Sie etwa, daß Sie durch das andauernde Predigen, daß jeder machen könne, was er will *(Wir hören von einer alten Platte: ... doch die Verhältnisse, die sind nicht so!)* durch Ihre

Spontanitätseuphorie, die Sie ja letztlich in die Heulerei treibt, daß Sie damit die Zeiten ändern? Sie sind kein Staatsmann, und wären Sie einer (Gott schütze die Staatsmänner!), könnten Sie auch nicht machen, was Ihnen in den Sinn kommt. Sie wären gezwungen, andauernd die 99. Folgeerscheinung im Auge zu haben. *(Farbfoto: 23 mal 19: mikroskopische Aufnahme eines Auges, in dem sich eine Folgeerscheinung befindet.)* Ich stelle die Frage, wie die Menschen besser leben können, auch unter diesen Umständen.

A: Ich stelle die Frage, warum die Menschen leben! *(Einspielmusik: Bockwurst, Karussell, Schüsse)* Hätte Antigone den Umständen entsprechend gehandelt, hätte sie den erschlagenen Bruder nicht begraben. Sie widersetzt sich, behauptet gegen die neuen Umstände »Menschlichkeit«, weil sie von einem »höheren Prinzip« weiß. Kreon ist der pragmatische Zweck des Staates, egoistisch, Machthaber. Antigone kann die Frage, warum sie lebt, beantworten. Selbst ihr Tod ist sinnvoll, da er die Gesellschaft zur Einsicht treibt.

B: Und worin besteht Ihr (!) höheres Prinzip? Indem Sie, da Sie kein Prinzip finden, weinerlich die Welt beschimpfen? Die Beziehung zum höheren Prinzip ist religiös. Einsicht. Irrational. Immer nur singular. Die Weiterführung der Selbstfindungstheorie, die Sie als Prinzipsfindungstheorie bezeichnen, steht vor uns in der Gestalt Alkibiades'. *(Der stand nicht vor ihnen. Es war eine Metapher.)* Das ist die bis zum Extrem getriebene Erkenntnis: die Leute setzen ihre Zwecke selber, ausschließlich. Ob einer vorgibt (!), einem höheren Prinzip zu folgen, ob er es wirklich tut … *(wer soll das bezahlen / wer hat soviel Geld? / wer hat …)* ist nicht mehr kontrollierbar; am Ende steht eine Gesellschaft da, jeder behauptet, seine Zwecksetzung ist die richtige. Ein Volk Dirigenten ohne Musiker. *(Vor dem Fenster geht ein Tisch spazieren.)* Die Dinge verlangen von uns auch, daß wir gehorchen. Ein Auto muß Benzin haben, da helfen keine Theorien. Subjektivität ist ein Anspruch, der auf dem Operationstisch erlischt. *(Chloroformgeruch)*

A: Mit Ihrer Theorie wäre die Menschheit ein Haufen Neandertaler geblieben. *(Beide erfreut der Gedanke, einem potentiellen Affen gegenüber zu sitzen.)* Jede Erfindung, jegliche Kunst kommt aus dem freien Spiel der spontanen Kräfte eines Subjekts, das aus dem Formenkanon bzw. der eingegangenen

Denkmethodik ausbricht, sich von den Dingen unabhängig macht.

B: Nehmen Sie diese schwachsinnige Definition sofort zurück! Die Dinge, Umstände sind vom Menschen gemacht. Sich zur vergegenständlichten Welt verhaltend, verhalten sie sich zu anderen Menschen, ihren Vorfahren. Jede Produktion ist ein Verhältnis zur Tradition.

A: Tradition behindert die Produktion. *(Ein Mann steht neben einem Karussell, übergibt sich.)* Der inhaltliche Zwang ist der größte. Form ist Belastung aus der Vergangenheit. Es lebe das Verb! Vivat! *(Betrunkene fallen aus dem Bus.)* Ein einzelner kann nicht alles tun, aber alles Tätige (!) besteht aus einzelnen. Widersprüche müssen gelöst werden!

B: Widersprüche müssen ausgehalten werden, bis die Zeit ist, daß sie gelöst werden können. Wer seine Zeit und sich überschätzt, handelt, wenn seine stubenreinen Ideale draufgegangen sind *(Zwei Teller zerschlagen)* im Zynismus. *(Ein Schlagersänger öffnet seinen Mund: Freiheit! Freiheit! wolltest du und meine Liebe. Lalala. Wolltest beides. Doch das gab es nicht. Freiheit oder ich!)*

A: Kennen Sie das Gedicht CHIRON von Hölderlin? Darin ...
(Das Licht geht an. Die U-Bahn fährt weiter. Beide Dichter kennen sich nicht mehr. Ein Auto fährt vorbei, schleudert aus der Kurve in einen Buchladen, in einen Schrank. Bücher fallen aufs Autodach. Obenauf liegt dieses (!). Der Einband ist zerrissen. Das Ganze spielt eigentlich im Herz des Poeten, durch das bekanntlich ein Riß gehen soll.)

3

Es war ein verregneter Tag, die Studenten kamen durchnäßt in den Saal. Wie in den alten Theatern saßen sie. Eine mittlere Statur, rothaarig, roch aus dem Mund nach Alkohol, und es war seinen Kollegen klar am Morgen, daß der Tag für diesen Studioso nutzlos verlaufen wird. Sie hielten ihm vor die Summe Geld, die sein Studium kostet, und rügten ihn, daß er sich bessere. Mählich verstummten im Saal die Gespräche, die über Wetter und Fußballergebnisse hinreichten bis zu Problemen der Kunst. Da betrat der Professor die Bühne. Er begann seine Rede: »Ich möchte, eh ich zum Thema der Vorlesung – Hölderlin – komme, mit einem Exkurs beginnen, um Ihnen eine Widersprüchlichkeit der Poesie klarzulegen. Die Lyrik der 60er Jahre hat m.E. neben anderen Vorzügen den der öffentlichen Aussprache von Positionen, die das menschliche Ideal einer anzustrebenden Gesellschaft kritisch kollektiv hinterfragen, um Motiv-Verlust, Verlusten im Handlungsbewußtsein, die aus der Berührung mit Stagnation, Prosa der Wirklichkeit ... herrühren, beizukommen. Alte Normen, Wertmaßstäbe, Motivationen werden rigoros abgelehnt. Es wird auf die Schwierigkeiten, die Schmerzen des revolutionären Prozesses hingewiesen. Wir spüren im Sprachduktus das Bedürfnis nach Öffentlichkeit, nach einem Platz Leute. Mit den Jahren haben sich andere Dichter zu Wort gemeldet: die Verneinung des Alten ist geblieben. Der Bezug zur Utopie, Hoffnung hat gelegentlich einen faden Beigeschmack bekommen, als sei sie etwas Religiöses, Unkritisches. Die Skepsis heißt Vorsicht oder Ironie. Das Unmittelbare widersetzt sich zu oft dem einfachen JA. Jede Äußerung kann sich hinterm Rücken des Sprechenden zu ihrem Gegenteil verwandeln.«

In Reihe 2 las ein junger Bursche. Er zeigte auf Seite 284 die Stelle: »Wir können das Land nicht ändern. Ändern wir also das Thema«, und flüsterte: »Joyce!«. Im Saal entstand Unruhe. Der Rothaarige hatte den Bauchschmerzen Luft gemacht (Bock-Bier), und die anderen mußten sich zuhalten ihre Nasen. Eine schöne Dame traute sich mit ihrer Hand, den Redner zu unterbrechen: »Ob sich öffnen ließe ein Fenster!«, tat es und lauschte von neuem den Worten des Literaturprofessors. »Der Riß, der nach Heine durch das Herz des Poeten geht, geht auch durch die Poesie. Öffentlichkeit, Kommunikationsabsichten, gesellschaftliche Bedingungen für kollektives Handeln, Gruppen- oder Klassenspezifik etc. bringen die Poesie in einen Wirkungszusammenhang, in dem das *Sprechen* je nach gesellschaftlicher Situation sich *neben* der geschriebenen Gestalt behauptet. Das *Geschriebene* wird individuell, vereinzelt rezipiert; das *Ausgesprochene* braucht Kollektivität. Gattungs- oder Genretrennungen sind diesbezüglich nicht hinreichend.« Draußen hörte man laut das Schellen des Blasorchesters, denn es war Mittwoch, da in Berlin stets ein Wachaufzug stattfindet; und es dröhnten Militärmärsche, daß der Professor laut seine Stimme erhob: »Ich möchte nicht auseinanderreißen, was seit Jahrhunderten gemeinsam funktioniert, sich wechselseitig entwickelt. Die Spannung von *gesprochener* und *geschriebener Sprache* besteht von Beginn an. Der Rhapsode, der Mythenerzähler, der Protagonist des alten

Theaters, der Sänger … zuerst die unmittelbare Mitteilung, die sich zu einer poetischen Mitteilung wandelt und an einem bestimmten Punkt, wenn die Schriftsprache dafür entwickelt ist, in ihr poetisch denken zu können, geschriebene Dichtung: poetische Erkenntnisse werden nicht mehr nur von Mund zu Mund weitergereicht. Die Texte verlieren ihre unmittelbare Einmaligkeit, existieren unabhängig vom Menschen, er kann sie vergessen, verbummeln, wiederfinden, neuentdecken, lernen, was schon gewußt wurde – sie beginnen *ein zweites Leben:* ihre vergegenständlichte Existenz. Wir haben es z. B. in der Dramatik mit einer ähnlichen Spannung zu tun. Viele neuere Stücke, die konzentriert moralische Haltungen von Gegenwartspersonen untersuchen (Bsp.: Schatrow, Tendrjakow, Hochhuth …) haben eher eine publizistische *Sprechweise.* Sie sind eigentlich für das Lesen geschrieben, aber spielbar, weil sie kollektive Verständigung benötigen. Die ungenügende Qualität der literarischen Öffentlichkeit (vereinzelte Rezeption, das Fehlen einer Verifizierung: der stockende Rückweg Rezipient – Autor) treibt so, eine inhaltlich nicht notwendige Form anzunehmen. (Erzählungen, Novellen, Materialien bilden nicht selten den Ausgangspunkt.) Auf der anderen Seite (Bsp.: Heiner Müller): Aktionssprache im Kontext des Stückes, brüchig, nicht *primär* zum Lesen. Die Stücke realisieren ihre Potenz erst voll beim Spiel, die Sprache arbeitet erst mit aller Kraft, wenn sie ausgesprochen wird. Diese beiden *Linien* (zwei Theaterauffassungen) verdeutlichen das Problem: verschiedene »Funktionsverständnisse«, Kommunikationsabsichten, daraus resultierende innere Strukturierungen der poetischen Gebilde, Methoden, letztlich eine unterschiedliche Relation Poesie – Wirklichkeit (*über* den Text oder hauptsächlich *in* ihm). Der *Riß* durch die Dichtung ist historisch, nicht poesieimmanent. Gesellschaftliche Interessenlagen, Strukturierung von Institutionen, Motive, unter denen sie betrieben, geschützt, zensiert werden, technische Mittel zur Verbreitung, *in welcher Hand* wie genutzt, kulturelles Niveau etc. spielen in der jeweils konkreten Situation für dieses Verhältnis eine Rolle. Z. B. ist es in Gebieten mit Analphabetismus sinnlos, bezüglich der Kommunikationsabsichten von diesem Verhältnis (gesprochen – geschrieben) auszugehen. Das Hindernis, sich über die Schrift nicht verständigen zu können, weist auf die soziale Verwurzelung dieses Verhältnisses hin. Z. B. ist die Konstituierung einer bürgerlichen Öffentlichkeit in Deutschland, eines Klassenbewußtseins (das ist auch das Bewußtsein vom aus den feudalen Abhängigkeiten befreiten Individuum, vereinzelter einzelner, vereinzelter Leser) Ausdruck einer bestimmten Veränderung dieses Verhältnisses; die Entstehung selbst eine schriftliche Verschwörung einzelner. ‚die bourgeoisie bekommt seine literatur aufgezwungen wie sein bürgerliches gesetzbuch' (Brecht). Der sogenannte Literaturzentrismus hat etwas mit bürgerlichen Kommunikationsabsichten zu tun. Wie nennen wir nun diese beiden Linien? Brecht teilt in ‚pontifikale' und ‚profane' Dichtung. Ich schlage das Begriffspaar *intensive* und *extensive Poesie* vor. Es gibt Auffassungen, daß diese gleichzeitigen Linien historisch nachfolgende seien. Die Zeit der Lied-Lyrik sei vorbei, der Reim überholt, etc. Ich glaube, daß es sich nicht um Zeiterscheinungen, *Materialstände* handelt, sondern um spezifischen ‚Poesie-Gebrauch', ein wandelndes Verständnis vom *eigentlich Poetischen.* So fällt auf, daß in vor- oder revolutionären Situationen die *extensive Poesie* häufiger auftritt. Eine Plebejisierung. Die Dichter werden aufsässig, nehmen den *Blick von unten* an, *sprechen,* wenn ein Hintergrund/Untergrund mit realen gesellschaftlichen Kräften vorhanden ist, über soziale Interessen. Solch ein Konsens äußert sich auch in der Hinwendung zum Lied. Die Provokation richtet sich gegen eine überfeinerte, ästhetisierte Literatur, die auf Grund ihrer Bedeutungslosigkeit im sozialen Spannungsfeld restaurativ geworden ist. Die bürgerliche Revolution in Deutschland fand am intensivsten auf den Schreibpulten statt, bis sie als Literatur sich realisiert, etabliert hatte und schon in die Romantik mußte. Dort wird das *Singen* zur Geste, zum ausgestellten Verhalten. Das Interesse an Öffentlichkeit ist verschwunden mit dem Interesse an miserabler Wirklichkeit. Kommunikationserfahrung: die Motive des Kleinbürgers, Bildungsbürgers, an einer gelungenen Etablierung interessiert; Poesie gehört zum guten Ton. Das *Geschriebene,* der Roman, die Prosa, die Zeitung, rücken ins Zentrum. (Die Zensur wird erleichtert und übersichtlicher.) Die laute Gestik der Plebejer verstummt. Die Literatur säubert sich vom *Rufen.* (Vgl. Bürgers Freiheitslieder, Schillers Oden ...)«

Ein Aufschlag ertönte im Saal. Erschrocken sah alles zum Punkte, von da sie den Aufprall vernahmen. Über den roten Haaren rot blickte der etwas verkaterte Jüngling auf, und er spielte vor eine Szene, als ob dieser Aufprall Protest sei, weil er nicht einverstanden mit dem Professor. Und ein Brummeln: »Das gibts doch wohl nicht!« fügte er noch hinzu, um den Eindruck zu stärken und abzulenken vom wahren Fakt, daß ihm eine immer periodisch erscheinende Müdigkeit die Augen zudrückte, bis er verlor die Gewalt und einschlafend aufschlug, mit Stirn auf Hartholz. Er tat, als höre er weiter.

»In der *extensiven Poesie* ist der Text Angebot, Haltung zur Welt, zu dem sich verhalten werden muß. Die eigentliche Beziehung zur Wirklichkeit findet über den Leser/Hörer statt. Die *intensive Poesie* ist in erster Linie selbst ein Verhalten, das Gedicht Ausdruck dieses Verhaltens, selbst Gegenstand; der Leser verhält sich zu einer eigenständigen Welt, der Gedichtwelt, die – in ihrer Logik behauptet – als Ganzheit erscheint. Die Spannung beider poetischer Denkweisen finden wir im Gedicht CHIRON. Von der Pindarschen Dichtung angeregt, rhythmisch, syntaktisch und vom Duktus für das Ausschreien auf einem großen Platz. Formal unangemessen. Die Revolution hatte ihre Schönheit abgelegt, als dieses Gedicht entstand. *Thematisch* geht es nicht um Öffentlichkeit. Die Denkweise kommt vom Schreiben, vom einzelnen Nachgrübeln über einen Ausweg aus einer Wartesituation. An der Grenze der Zeit wird die Mythe bemüht, um übers einzelne Leben hinausgreifen zu können, trotz Wirklichkeit, trotzdem. Man spürt die abgekartete Sprache eines Freundeskreises, eine Literatur-, Schreibsprache. Von jenen, die zu dieser Zeit wie Schiller dichteten, sind uns wenige bekannt. Sicher gab es eine Unmenge Epigonen, die nur ein paar Jahre später, mit dem gleichen Anspruch *staatserhaltend* den biederen Bürger in seiner Stube mit dem Gefühl betäubten: Wer ein holdes Weib errungen …, abhielten von der *Unsicherheit* der Zeit, mit dem ranzigen Häuslichkeitsgefühl abhielten von Bewegung, Protest, Veränderung. CHIRON ist zweigestalt, auch im poetischen Kommunikationsverständnis. Von Hölderlins Redekunst wissen wir durch seine Examenpredigten auf dem Stift. Widmen wir uns nun dem Gedicht CHIRON.« Auf seine Uhr sah der Weise und siehe, um war die Zeit. »Müssen vertagen! Pause!« sprach er. Da erhob sich der Rothaarige, während die anderen Beifall beklopften, und rief voll gespieltem Zorn mit tiefer Stimme (übernächtig): »Einseitig und verkürzt. Hilfstheorie! Solche Einteilung ist schädlich, der alte Streit der Poesie mit dem sozialen Engagement! Sie frischen das wieder auf!« Mit einem lauten Bäuerchen endigte er seine Rede. Derlei Euphorie kannte der Professor zur Genüge; er lächelte traurig, und lautlos verschwanden aus den Reihen die Studenten zum Essen, zum Kaffee, zum Durchdiskutieren und Gestikulieren, zum Opponieren und Qualifizieren, zum Langspazieren und Autoabschmieren, zum Lyrisieren und Aktivieren, Deprimieren, Drangsalieren, Konkretisieren, zum Bücherverlieren ...

4

Anmutige Gegend; fruchtbar; Quellen; Seen; Wiesen; Wald. Hindurch führt eine breite Autobahn, schöner heller Beton. CHIRON sitzt auf einem Stein, auf der Erde, oder liegt oder steht.

CHIRON:
Alles stinkt an mir, selbst die Luft! Hör mich, Zeus.
Ich will kein Gott sein unter diesem Zwang.
Unsterblich, fall ich vom Fleisch. Egal war früher,
Ob es Zeit gab; diese Zeit doch halt ich nicht
Aus! Die Feuerleger brauchen Platz. Ich zusammengewachsnes
Paradiesisches Spiel, habe ein Ende gefunden nun.
HERAKLES:
Hier bin ich! Getan sind meine Taten.
Ich bring dir deinen Tod. Da.
(Reicht ihm in der Hand Feuer, löscht es)
CHIRON:
Du heilst mit Roheit, ohnmächtig meiner Heilkunst.
HERAKLES:
Ich schlage oder breche, das ist Heilung. Verändern
Läßt sich nur, was ganz
Aus einem Guß. Das Aufgeteilte fordert Stückwerk.
Ich werd dich jetzt erlegen. *(Packt Pfeil und Bogen aus)*
CHIRON:
Dein erster Schuß traf, der Erfolg
Ist nicht zu überbieten. Das Gift, dein langer Arm
Erreicht mich, aufgefrischt von deinem Kommen.
HERAKLES:
Der Weg war weit! Ich bin kein Bote.
Ich bin die Nachricht selbst. *(Spannt Bogen)*
CHIRON:
Kraft hast du, doch die Arme
Sind ohne Kunstverstand, du bist
Ein Tier, du strengst dich an, ein Clown.

(Herakles schießt an CHIRON vorbei)
Immer muß ich beides tun: mein Abschied
Macht mich traurig, und ich lach, verschont
Von deiner Zeit. Die Sprache schreckt mich. Eine Murmel
Ist dein Kopf, die Welt regiert sie,
Treibt, das dich bejubelt, alles Volk
Hin in schlimme Zeit. Mein erster Sieg
War deine Niederlage schon, und jetzt
Beginnt das Spiel von neuem.

HERAKLES:
Aus Rücksicht bleibt es,
Wie es ist. Der Fortschritt
Ist ein wildes Tier. Reißt Eltern, Kinder, dich.

CHIRON:
Was willst du? Holst mein Leben.

HERAKLES:
Nichts verschenken. Ich bring den Tod.
Ich bin durchzuckt von Muskeln, gierig
Auf Kämpfen Siegen Lernen, ich muß
Mein Leben immer opfern.
Bin ich sicher,
Siech ich. Ich sterbe ohne Risiko.

CHIRON:
Was willst du?

HERAKLES:
Mit dir kämpfen.

CHIRON:
Hier bin ich. Das ist
Dein Sieg. Sonst nichts.

HERAKLES:
Kampf ist alles oder nichts! Ausweich die Kunst.
Weich macht Gesang, altklug und störrisch.
Die Muse, eine Waffe, also käuflich, ich fürchte
Keine Sänger, nur den Pfeil im Rücken. *(Spannt)*

CHIRON:
Ich werde mich nicht wehren. Nur
So vernichte ich dir deinen Sieg.

HERAKLES:
Krepier, du, Dreck. *(ab)*

CHIRON:

Die Mutigen greifen nach den Steinen.
Wer nicht wirft, wird getroffen. Die Dissonanzen
Werden gerichtet mit den Menschen, aus einer Ruhe
Gebracht in eine andere. *(Herakles kommt wieder)*

HERAKLES:

Mein Bogen! Zwei Geschenke mach ich nicht,
Als wärst du Philoktet, du Pferdearsch.

CHIRON:

Du bist einfach. Obwohl zweimal gekommen,
Als Arzt und Henker, zu beidem zu schlecht.

HERAKLES:

Du feiger Kompromiß, unentschieden, Tier
Oder Mensch. Jetzt bist du krank
Vom Tier in dir, das stirbt. Wenn einer nicht mehr kann
Und will, dann kann der andre nicht, der will.

CHIRON:

Das Tier in uns ist lang nicht tot.

HERAKLES:

Du kannst dich nicht mehr zu den Siegern schlagen.

CHIRON:

Blutgierig ist die Zukunft, guterzogen
Die Barbarei. Zu Helden machen sich die Mörder.

HERAKLES:

Du machst es. Hast es längst getan.
Und also bleibt das Schlechte, das mein Pfeil
Durchbohrt, die Nebensache, an mir fest.
Ein Ringelspiel. Nur mit viel Mühe
Geht das Tierische aus dem Gesicht, die Mühe drum
Treibts wieder rein. *(ab)*

CHIRON:

Wo bist du, Nachdenkliches! Das immer muß
Zur Seite gehn, zu Zeiten, wo bist du, Licht?

(ende der szene)

5

(Ein Filmszenarium: CHIRON)

Eine weite Landschaft. Frühjahr. Ein Hügel in der Bildmitte. Lichtes Grün. Sonnenuntergang. Eine Figur (HÖLDERLIN) geht an der Kamera vorbei. (Kleidung: Mittelstand um 1800, abgetragen) Gang Richtung Hügel, kraftlos, nicht schlendernd, erschöpft. Wir hören einen Düsenjäger. HÖLDERLIN ruft in die Landschaft, als stünde eine große Menge vor ihm: *»Wo bist du, Nachdenkliches! Das immer muß / Zur Seite gehn, zu Zeiten, wo bist du, Licht? / Wohl ist das Herz wach, doch mir zürnt, mich / Hemmt die erstaunende Nacht nun immer.«* – Tanz um den FREIHEITSBAUM. Junge Leute, ausgelassen, Wein. (Im Hintergrund, zu schnell: Freude, schöner Götterfunken ...) Regen. – Ein JUNGER MANN springt von einer Brücke in den Rhein. Ertrinkt. Schluckt, schluckt. Regen. Gewitter. Er spricht auf dem Grund: *»Sonst nämlich folgt ich Kräutern des Walds und lauscht / Ein weiches Wild am Hügel; ...«* – EIN MANN hängt seine Jakobinermütze an den Haken, zieht die Hausjacke an, spricht für sich: *»Und nie umsonst. / Nie täuschten, auch nicht einmal deine / Vögel ...«* – Umgekippter FREIHEITSBAUM in der Regenpfütze. – HÖLDERLIN auf Höhe des Berges, wie Zeus, wächst. Die Kamera fährt an ihn heran, er spricht leise, ängstlich, geheim: *»Wo bist du, Licht? / Das Herz ist wieder wach, doch herzlos / Zieht die gewaltige Nacht mich immer.«* – MANN springt in den Rhein. – Wiederholt. – MANN in der Hausjoppe lacht. – SCHELLING betet. – Der französische KÖNIG wird guillotiniert. – Landschaft. – HÖLDERLIN geht Berg hinunter. Ein Bataillon erstürmt den Hügel. DER ANFÜHRER: *»Ich war's wohl!«* – Wegbiegung. Ausgefahrener Feldweg. DER BLINDE SEHER sitzt auf einem Findling. Einen KNABEN an der Hand. Der BLINDE fühlt den Boden, spricht zum KNABEN: *»Und von Krokus und Thymian / Und Korn gab mir die Erde den ersten Strauß. / Und bei der Sterne Kühle lernt ich. / Aber das Nennbare nur. Und bei mir / Das wilde Feld entzaubernd, das traur'ge, zog / Der Halbgott, Zeus' Knecht, ein, der gerade Mann; /«* — ROBESPIERRE ißt Wassersuppe. – DANTON putzt sich die Nägel. – HEGEL geht von der Berliner Universität *Nachhaus.* – HÖLDERLIN sitzt in der S-Bahn. – SCHELLING sieht im Fernsehen ein Fußballspiel. – PROMETHEUS heizt eine alte Dampflok. – Der PANAMAKANAL wird gebaut. – Bombardierung Dresdens. – Sprung in den Rhein. –

HERAKLES liegt auf einer Luftmatratze, treibt auf dem Meer, sieht auf die Armbanduhr, springt ins Wasser. – HÖLDERLIN sitzt auf einem Bahnsteig, allein. LAUTSPRECHER: *»Nun sitz ich still allein, von einer / Stunde zur anderen, und Gestalten / Aus frischer Erd und Wolken der Liebe schafft, / Weil Gift ist zwischen uns, mein Gedanke nun;«*. HÖLDERLIN friert, steht auf, läuft (auf und ab). – Landschaft mit Berg. – Sonnenuntergang. HÖLDERLINS STIMME (Originalton): *»Und ferne lausch ich hin, ob nicht ein / Freundlicher Retter vielleicht mir komme. / Dann hör ich oft / den Wagen des Donnerers«* – Turmbau zu Babel. – Verschwörung gegen den HERZOG VON WÜRTTEMBERG. – SINCLAIR, HÖLDERLIN spazieren durch den Wald. Kutsche. Zusammenstoß mit LKW. – HERAKLES wird als Wasserleiche an Land gespült. – DER BLINDE SEHER steht auf. – MANN springt in den Rhein. – Eine HAUSFRAU nimmt aus der an der Wand hängenden Jakobinermütze Zwiebeln. – GOETHE spielt mit Steinen, malt, flieht nach Italien, es wird hell (Erdgeist). GOETHE dreht den Kopf weg. – HÖLDERLIN auf dem Bahnhof, nachts allein. In der Ferne das Geräusch von Panzern oder Erdbeben. Ein DACHZIEGEL fällt herunter. Die Fensterscheiben des Bahnhofs zerspringen. HÖLDERLIN: *»Den Retter hör ich dann in der Nacht, ich hör / Ihn tötend, den Befreier, und drunten voll / Von üpp'gem Kraut, als in Gesichten, / Schau ich die Erd, ein gewaltig Feuer;«*. Jakobinischer Terror: Im Zeitraffer die Guillotine. – Gefangene DEUTSCHE SOLDATEN an der Ostfront, Schnee. STIMME: *»Ich hör / Ihn tötend, den Befreier …«* EIN BAUER gräbt die Erde um. – Straßenkämpfe der TUPAMAROS. – Eine Gruppe HÄFTLINGE läuft über den Appellplatz von Buchenwald. (Unter ihnen HÖLDERLIN.) – Kampf des ACHILL. – Sturm auf das Winterpalais. – KAIN erschlägt ABEL. – NAPOLEON setzt mit seinen Truppen über den Rhein. Von selbiger Brücke springt der MANN ins Wasser. – Bahnhof, nachts, HÖLDERLIN: *»… Ich hör / Ihn tötend, den Befreier …«* HÖLDERLIN rennt durch Paris (Dreck, Hunger, Chaos), sticht einen WEGELAGERER nieder, sieht die tote DIOTIMA, rennt über den Hügel, rennt durch eine Kirche, in der SCHELLING betet, rennt über eine Brücke, von der ein MANN in den Rhein springt, läuft durch Berlin, rempelt den heimkehrenden HEGEL an, rennt durch eine Pfütze, in der ein FREIHEITSBAUM liegt, steht auf dem Hügel, außer Atem. – DER BLINDE SEHER geht los, an der Hand den JUNGEN. – HÖLDERLIN (außer Atem) schreit in die Landschaft: *»Die Tage aber wechseln, wenn einer dann / Zusiehet denen, lieblich* *und bös, ein Schmerz, / Wenn einer zweigestalt ist, und es / Kennet kein einziger nicht das Beste;«* – PROMETHEUS in der Kneipe, besoffen. – DER BLINDE SEHER dreht sich um, spricht in die Kamera: *»Das aber ist der Stachel des Gottes; nie / Kann einer lieben göttliches Unrecht sonst.«* – KREON führt ANTIGONE in die Verbannungshöhle. Sie lacht, spricht: *»Tag! Tag! Nun wieder atmet ihr recht; nun trinkt / Ihr meiner Bäche Weiden! ein Augenlicht ...«* HERAKLES steht auf, übergibt sich. – HÖLDERLIN winkt aus seinem Tübinger Turm mit einer olympischen Flagge. – DER BLINDE SEHER geht zur Biegung zurück, bückt sich nach einem Stein. – GOETHE geht spazieren, bückt sich nach einem Stein. – HERAKLES bückt sich am Strand nach einem Stein. – HÖLDERLIN bückt sich auf dem Bahnhof nach dem heruntergefallenen Dachziegel. – PROMETHEUS vor der Kneipe bückt sich nach einem Stein. – SCHELLING steht auf, nimmt aus der Hosentasche einen Stein. – STUDENTENDEMONSTRATION 1968, Straßenschlacht mit Steinen. – (Dazu HÖLDERLINS STIMME): *»Und rechte Stapfen gehn, und als ein / Herrscher, mit Sporen, und bei dir selber / Örtlich, Irrstern des Tages, erscheinest du.«* – DER BLINDE SEHER steckt den Stein in die Hosentasche, geht weiter, dabei: *»Du auch, o Erde, friedliche Wieg, und du / Haus meiner Väter, die unstädtisch / Sind, in den Wolken des Wilds, gegangen«*, verschwindet hinter der Biegung. – GOETHE steckt den Stein in die Tasche, augenzwinkernd. – SCHELLING betrachtet den Stein, wirft ihn in die Pfütze mit dem FREIHEITSBAUM. Schwenk: Landschaft mit Hügel. HÖLDERLIN wartet auf dem Bahnsteig, spricht vor einer großen Menge Menschen. Die Leute verstehen ihn nicht. Er wird ausgelacht. – SCHILLER hustet. – HEGEL hinterm Katheder. – DER MANN in der Hausjoppe setzt sich vor dem Spiegel die Jakobinermütze auf und lacht. – HERAKLES cremt sich ein. – PROMETHEUS heizt die Dampflok. – Stellungskrieg vor Verdun. – LENIN spricht. – HÖLDERLIN winkt aus dem Fenster des Tübinger Turmes mit einer grünen Fahne. – GOETHE versiegelt das Faust-II-Manuskript, händereibend. – MAJAKOWSKI erschießt sich. – Landschaft mit Hügel. – Lebendes Bild: GOYA: Erschießung der Aufständischen. – MANN springt in den Rhein. Schelling betet. – MANN springt in den Rhein. – Rotarmistenmütze fällt auf den Fußboden, es regnet drauf. – Bahnhof, HÖLDERLIN sitzt auf der Bank, viele MENSCHEN warten auf den Zug. – DER BLINDE SEHER hebt einen Stein auf. – Die Rotarmistenmütze wird aufgehoben. – Die Jakobinermütze wird aufgehoben. – Die ZWIEBELN werden fortgeworfen. – HÖLDERLIN sitzt in einem Zimmer, das bis zur Hälfte mit Steinen gefüllt ist. Er hockt sich, nimmt Papier auf die Knie, Feder. Wir sehen und hören, was er schreibt: »CHIRON / / Wo bist du, Nachdenkliches ... / / BLACK /

6

(Brief eines Schauspielers)

Verehrtes Fräulein D.!

Zu lange schon schieb ich diesen Brief vor mir her. Jetzt wird es Herbst. Die Arbeit grollt sich über mir zusammen, wie ein Gewitter, deshalb habe ich nicht eher schreiben können. Ich drehe grad zwei Filme, (Schizophren!) daß ich mir abends bei einer guten Schallplatte die Welt wieder zusammenfügen muß. Keine politischen Berichte oder dergleichen lasse ich an mich heran. Ich lebe für die Kunst, und nichts hält mich ab, denn alles, was getan, gesprochen, begehrt wird, steht so konträr zu den Empfindungen, die in meinem Herzen geschehen müssen, sollen meine Rollen lebendig, echt und tief wirken. Ich spüre, daß sich schon das profane Öffnen einer Fischbüchse und der Geruch hernach an den Fingern der Gestaltung meiner Jesus-Figur entgegenstellt. Wie soll ich in jener Szene am Kreuz das Leid und die Zuversicht mit den bescheidenen Mitteln meines Gesichtes (wir arbeiten viel mit der Totalen!) darstellen, wenn ich ewig den Fischgeruch in der Nase habe, davon aufstoße!?

Dieser Jesus muß locker wirken, er hält ungeheuer viel aus, läßt sich schuldlos ermorden, daß durch seinen Tod die Leute zur Einsicht kommen (ähnlich ist es bei Antigone, wir sahen das Stück neulich gemeinsam); er hat eine Zuversicht. Ein Held. Tut keinem weh, ist nur gut. Deshalb leidet er, wird arg zugerichtet. Er ist einsichtig. Eine andere Rolle stammt aus der alten Geschichte. Ich spiele einen Centauren (Hauptrolle! Wahrscheinlich erfolgte die Besetzung aufgrund meiner stattlichen Figur!). Ein Held befreit mich am Ende, d.h., er bringt mir die Nachricht, daß ich sterben kann. Eine große Szene: Ich nehme Abschied von der Welt ... Ihr meine Bäume und Blumen ... (Drehbuch ist von einem älteren unbekannten Autor, der früher in der Werbebranche gearbeitet hat.) Beide Rollen haben Ähnlichkeiten. Ich halte sie schwer auseinander. Beide Male leide ich, bin gut, gebildet, einsichtig ... Ich verwechsle oft Szenen. Neulich drehten wir am CHIRON (so heißt der Centauer), und ich gebe die Szene: DER RETTER BRINGT DIE NACHRICHT VOM TOD! Ich: »Mein Gott, warum hast du mich verlassen ...« Chaotisch! Das ist Text vom Jesus-Film. Die Regisseure sind verfeindet. Ich muß aufpassen, denn CHIRON freut sich darüber, daß er sterben kann, daß sein Gott ihn verlassen hat. Jesus freut sich gewissermaßen auch, aber er ist unsterblich. Auferstehung. Aber für CHIRON gibt es nur das irdische Leben. Freilich halten beide ihre schlechte Lage nur dadurch aus, daß sie hoffen. Jesus hofft auf die Einsicht der Leute durch den Tod. CHIRON hofft auf die Erfüllung der Vorhersage, die Hermes (von einem Studenten gespielt) verkündet hat, daß Herakles (mit M. Godau besetzt) ihm die Todesnachricht bringen wird, wenn er Prometheus (Schmimmler) vom Felsen befreit hat. Alles ähnlich, nur Nuancen, ich befinde mich in einer Zwickmühle. Auch geb ich im Städtischen Theater noch den Woyzek. Wieder eine ähnliche leidende Kreatur.

Es sind nervliche Materialschlachten. Ich spiele dauernd mein Gegenteil. Ich wünsche mir, daß Sie zu meiner nächsten Premiere kommen mögen. Wir geben ein gutes Paar: Jesus und Herakles oder CHIRON und Woyzek. Sie verstehen einen Spaß, meine Beste. Ich küsse Ihre samtenen Hände in tiefer Verehrung! Blau steht Ihnen gut!

Ihr ergebener, Sie liebender Sebastian Schi.

P. S. Ich habe, diskret natürlich, eine Kollegin gefragt, wegen Ihrem Damenbart. Sie empfiehlt, täglich (morgens) mit einem Rasierapparat die Haarspitzen zu entfernen, leicht. Ihr Seb.

7

HINWEISE DER CHIRON-GESELLSCHAFT

Weiterführende Literatur sowie den Referatsdienst derselben betreffend.

ANGEBOTSLISTE:

(1) Prof. Dr. Dr. Dr. Dr. Dr. Dr. Dr. Dr. h. c. Dr. w. c. Zentaurius: Die Mythe bei Hölderlin als übergreifende, idealistisch verklärte Objektivität des Geschichtsverlaufes. Der überindividuelle Sinnzusammenhang in der Weiterentwicklung Hölderlins von Hyperion bis CHIRON.

(2) Prof. Dr. Dr. Dr. Dr. Herbert Rakles: Kulturkritische Bewertung des Fortschrittes anhand der real erfahrenen bürgerlichen Gesellschaft, daraus mögliche Alternativen für die Entwicklung. Das dialektische Verhältnis von CHIRON (Verlust) und Herakles (Gewinn).

(3) Prof. Dr. Liebmuth Humtata: Das sexuelle Verhalten von Centauren. Sodomie oder Anarchie? Die Grundfrage der Oligarchie.

(4) Hans-Eckardt Wenzel: CHIRON oder die Zweigestaltigkeit. Ein formloser Essay in sieben Teilen nebst Gedichtanhang vom AUTOR.

(5) Dozent Hansi Pickel (NPT): Das Komma und das »O« in Hölderlins Gedicht CHIRON, nebst weiterführenden Betrachtungen über das Verhältnis von Frage und Antwort, Hell und Dunkel, Grün und heiß.

(6) Hans-Albert-Dietrich Schiene: Der Gesellschaftsfortschritt und dessen Rückweg. Beziehung CHIRON-Dampflok-Düsenjet.

(7) Prof. Dr. Dr. Dr. Dr. Dr. Dr. Dieter Dogdor: Jugendkriminalität – Illusionsverlust – Energieeinsparung – Etablierung: Das Verhältnis Prometheus-Herakles-CHIRON (Täter / Denker // Macht / Ohnmacht)

(8) Dr. Harry Sense: Der Zusammenhang von Antigone und CHIRON. Das Sinnvolle des Todes als TAT. Das »Göttliche Prinzip«. Auflösung der Ausweglosigkeit durch überindividuellen Zusammenhang. Die Erarbeitung eines realen historischen Optimismus.

(9) Dr. Dr. Kristel Tik: Die Unhaltbarkeit der Thesen von H.-E. Wenzel und Kollektiv vom Standpunkt der neusten Ergebnisse der Gesellschaftswissenschaften gesehen, nebst möglichen Vorschlägen zur Verbesserung der Misere. Teil II: Warum lehnt Wenzel die Hegelsche Triade ab? Der Prometheische Sieg: CHIRON-Herakles-Prometheus.

(10) Prof. Dr. Dr. Dr. Kollektiv: Das Symbol des Feuers bei Hölderlin. Die Bewertung der Prometheusfigur. Haltung Hölderlins als ROLLE–CHIRON. (Vgl. mit Brief an Böhlendorff vom 4.12.1801:

»Denn das ist das Tragische bei uns, daß wir ganz stille in irgend einem Behälter *eingepackt vom Reich der Lebendigen* hinweggehen, nicht daß wir in Flammen verzehrt die Flamme büßen, die wir nicht zu bändigen vermochten …«)

ende des essays

Inhaltsverzeichnis

Unpoetische Vorbemerkung (mit Noten) *7*

Schmuggerower Elegie I (Ungreifbar bin ich ...) *9*
Selbstbildnis 1981 (mit Noten) *10*
Ich bin vom grünen Licht so schwer ... (mit Noten) *12*
Das ist kein Gedicht *14*
Die Gretchentragödie *15*
In diesem Jahr *17*
Deine Haare, schwarz *19*
Die Einsamkeit meiner Katze *20*
Schmuggerower Elegie II (Der Sommer fällt uns an ...) *22*
Die Wohnung des Menschen heißt Erde (mit Noten) *24*
Vier Kleinigkeiten über eine Ausfahrt *26*
Jetzt, in diesem Augenblick *30*
Lied vom wilden Mohn (mit Noten) *31*
Max Hoelz *34*
Amtliches Schuldenbekenntnis *35*
Goethe verbrennt seine Tagebücher *36*
Winckelmann *37*
Ich braue das bittere Bier *38*
Zerfallenes Gehöft in Schmuggerow *39*
Warzok & Willhaus *41*
Winter *43*
Auf dich, mein geliebtes Berlin II *44*
Lebenslied (mit Noten) *45*
Schmuggerower Elegie VIII (Bei einer Tasse Kakao ...) *48*

Grenzen
(sechs Gedichte für Hölderlin)
1 Und du wohnst wirklich? *53*
2 (Schmuggerower Elegie VI: Zwischen Proudhon ...) *54*
3 Das Hölderlin-Lied *55*
4 H sagt *56*

5 Er dachte *57*
6 In meinem Kopf *58*

Schmuggerower Elegie III (Die Städte stehen kopf ...) *59*
Dreidimensionales Bild einer Dorfkirche bei S. *60*
Meine häßlichen Schuhe *61*
Als wir die Bäume gelobt hatten *62*
Feinslieb, du lachst dazu (mit Noten) *63*
Summe *66*
Das Abschmink-Lied *67*
Diese frühe Stunde *68*
Mc Donald's Weltbulette *69*

Schmuggerower Elegie IV
1 Pilger und Flüchtling *73*
2 Ich habe die großen Städte *74*
3 Hier aber *75*
4 Schweigt! *76*
5 Er streckt sich! *77*

Vorher, wenig später noch, und jetzt *79*
Schmuggerower Elegie V (Den Tisch aus dem Fenster ...) *80*
Das Gras in S. (mit Noten) *82*
Aber Mandeln, Genossen *84*
Schmuggerower Elegie IX (Die Vertragsverhandlungen ...) *85*
An mich, nachts (mit Noten) *86*
Wir suchten das Verbindungsstück *88*

Chiron oder die Zweigestaltigkeit
(Ein Essay) *91*

ISBN 3-354-00031-7

3. Auflage
Lizenz-Nr. 444-300/126/90 · 7005
Printed in the German Democratic Republic
Gesamtausstattung: Bernd-Michael Dehnert
Fotosatzherstellung: Grafische Werke Zwickau III/29/1
Druck und Bindearbeiten: LVZ-Druckerei »Hermann Duncker«
Leipzig III/18/138
Best.-Nr. 639 062 2

00800